U0096755

古典文獻研究輯刊

二四編

潘美月・杜潔祥 主編

第 19 冊

唐御史臺職官編年彙考（晚唐卷）

霍志軍 著

國家圖書館出版品預行編目資料

唐御史臺職官編年彙考（晚唐卷）／霍志軍 著 -- 初版 -- 新
北市：花木蘭文化出版社，2017〔民 106〕
目 4+144 面；19×26 公分
（古典文獻研究輯刊 二四編；第 19 冊）
ISBN 978-986-485-009-9（精裝）
1. 職官表 2. 唐代
011.08　　　　　　　　　　　　　　　　　　　106001917

ISBN-978-986-485-009-9

9 789864 850099

古典文獻研究輯刊
二四編　第十九冊　　　　　　　　ISBN：978-986-485-009-9

唐御史臺職官編年彙考（晚唐卷）

作　　者　霍志軍
主　　編　潘美月　杜潔祥
總 編 輯　杜潔祥
副總編輯　楊嘉樂
編　　輯　許郁翎、王筑　美術編輯　陳逸婷
企劃出版　北京大學文化資源研究中心
出　　版　花木蘭文化出版社
社　　長　高小娟
聯絡地址　235 新北市中和區中安街七二號十三樓
　　　　　電話：02-2923-1455／傳眞：02-2923-1452
網　　址　http://www.huamulan.tw 信箱 hml810518@gmail.com
印　　刷　普羅文化出版廣告事業
初　　版　2017 年 3 月
全書字數　90941 字
定　　價　二四編 32 冊（精裝）新台幣 62,000 元　　版權所有・請勿翻印

唐御史臺職官編年彙考（晚唐卷）

霍志軍 著

作者簡介

霍志軍，（1969～），甘肅天水人，文學博士，甘肅天水師範學院教授。2001 年考入江蘇師範大學師從著名學者孫映逵先生攻讀碩士學位，2004 年獲文學碩士學位。2007 年考入陝西師範大學師從傅紹良先生攻讀博士學位，2010 年獲得文學博士學位。主要研究方向爲唐代文學、隴右地方文學。迄今在《文藝研究》、《晉陽學刊》、《唐史論叢》、《光明日報》等刊物發表論文 50 餘篇。代表著作有《唐代御史制度與文人》、《唐代御史與文學》（上、下卷）等。代表論文有《唐代彈劾文文體及源流研究》、《陶藝與文藝——陶器製作與古代文論關係初探》、《涼州「賢孝」藝術的文化淵源及特色》等。

社會兼職有中國人文社會科學核心期刊評審專家、甘肅省古代文學學會常務理事、甘肅省唐代文學學會理事及中國韻文學會、遼金史研究會等多個學會會員。

提　　要

御史臺是唐王朝中央監察機構，包括御史大夫，御史中丞，侍御史，殿中侍御史，監察御史及各種供奉、裏行官，留臺及外臺御史等。由於唐代御史的雄峻地位和在國家政治生活中的特殊作用，歷來受到研究者的重視。以考證精審、搜集史料宏富的《唐御史臺精舍題名考》收錄唐代御史總計題名 1100 餘人次，尤以武后至開元年間題名居多，向來被視爲研究唐代監察制度和唐代御史生平的重要文獻，是研治唐代文史必備的重要工具書之一。

本書在清人趙鉞、勞格《唐御史臺精舍題名考》及其它先賢時彥研究的基礎上，廣搜博取唐代歷史文獻、出土金石拓片、佛道二藏、詩文總集、作家別集等各方面資料，對晚唐時期的御史資料詳加考證，新增晚唐時期御史 100 餘人次；對晚唐御史資料進行相應的排比、編年；對唐代御史的沿革、職能、品階、職權、兼官、別稱以及與中書門下、尚書六部的關係進行梳理闡發。本書使治唐代文史的學者免除遍檢典籍而不得之苦，爲學界提供便於檢索的工具書。同時，本書有助於新時期廉政文化的開展，有助於當代中國的民主、法制建設，彰顯出當代中國人文學者的學理感知所具有的人文氣息與正義質性。

目
次

唐御史臺職官編年彙考
（晚唐卷）

唐穆宗長慶元年至文宗開成五年

唐穆宗長慶元年（821） 辛丑

正月，乙亥朔，穆宗親薦獻太清宮、太廟。辛丑，祭祀昊天上帝於圜丘，又御丹鳳樓，大赦天下，改元長慶。《舊書》卷一六《穆宗紀》。

＊李憲　御史大夫（兼）

《會要》卷九八「迴紇」：「長慶元年，……命左金吾衛大將軍、兼御史大夫胡證爲送公主及可汗使。光祿卿、兼御史大夫李憲副之。」

＊柳公綽　御史大夫（兼）

《舊書》卷一六《穆宗紀》：長慶元年三月「以兵部侍郎柳公綽爲京兆尹、兼御史大夫。……十月……以京兆尹、御史大夫柳公綽爲吏部侍郎。」《舊書》卷一六五本傳：「（元和）十一年，入爲給事中，……長慶元年，罷使，復爲京兆尹、兼御史大夫。」

＊裴通　御史大夫（兼）

《舊書》卷一九五《迴紇傳》：「長慶元年四月，正佾冊迴鶻君長爲登羅羽錄沒密施句主錄毗伽可汗，以少府監裴通爲檢校左散騎常侍、兼御史大夫，持節冊立、兼弔祭使。」

＊郭鏦　御史大夫（兼）

《舊書》卷一二〇《郭子儀傳・曖子鏦附傳》：「鏦，母昇平長公主，……

穆宗即位，縱爲叔舅，改右金吾衛大將軍，兼御史大夫。……長慶二年十月卒。」

＊胡證　御史大夫（兼）

《會要》卷九八「迴鶻」：「長慶元年……七月，冊太和公主爲仁孝端麗明智上壽可敦，命左金吾衛大將軍兼御史大夫胡證爲送公主及冊可汗使，光祿卿兼御史大夫李憲爲之副。」

＊李憲　御史大夫（兼）

《會要》卷九八「迴鶻」：「長慶元年……七月，冊太和公主爲仁孝端麗明智上壽可敦，命……光祿卿兼御史大夫李憲爲之副。」

＊田布　御史大夫（兼）

《舊書》卷一四一《田弘正傳・子布附傳》：「長慶元年……十二月……十一日，密表呈軍情，且稱遺表。穆宗聞之駭歎，廢朝三日，詔曰：『故魏博節度使、起復寧遠將軍、檢校工部尙書、兼魏州大都督府長史、御史大夫、賜紫金魚袋田布，朕以寡昧……』」《全文》卷六五《贈田布尙書右僕射詔》：「故魏博節度使起復寧遠將軍檢校工部尙書兼魏州大都督府長史御史大夫賜紫金魚袋田布，……可贈尙書右僕射。」

＊王智興　御史大夫（兼）　長慶元年（821）～二年（822）

《舊書》卷一五六本傳：「長慶初，……穆宗素知智興善將，遷檢校左散騎常侍、兼御史大夫，充武寧軍節度副使、河北行營都知兵馬使。」參《唐方鎭文職僚佐考》「感化軍節度」（第101頁）。

＊丁公著　御史中丞

《舊書》卷一六《穆宗紀》：長慶元年「冬十月甲子朔。……壬申，……以工部尙書丁公著檢校左散騎常侍，兼越州刺史、御史中丞，充浙東觀察使。」

＊牛僧孺　御史中丞

《舊書》卷一六《穆宗紀》：「長慶元年……六月乙丑朔。辛未，吐蕃犯青塞堡。甲申，賜御史中丞牛僧孺金紫。」《舊書》卷一七二本傳：「僧孺進士擢第，登賢良方正制科，釋褐伊闕尉，遷監察御史，轉殿中，歷禮部員外

郎。穆宗即位，……其年十一月，改御史中丞。」《舊書》卷五〇《刑法志》：「長慶元年五月，御史中丞牛僧孺奏：『天下刑獄，苦於淹滯，請立程限。大事，大理寺限三十五日詳斷畢，申刑部，限三十日聞奏。中事，大理寺三十日，刑部二十五日。小事，大理寺二十五日，刑部二十日。……違者，罪有差。』」《新書》卷六三《宰相表下》：「長慶元年三月壬戌，御史中丞牛僧孺爲戶部侍郎、同中書門下平章事。」

＊杜式方　御史中丞（兼）

《舊書》卷一四七《杜佑傳・子式方附傳》：「式方字考元。……穆宗即位，轉兼御史中丞，充桂管觀察都防禦使。長慶二年三月，卒於位，贈禮部尚書。」

＊高允恭　侍御史知雜事

《全文》卷六四九元稹《授高允恭侍御史知雜事制》：「御史府不以一職名官，蓋總察郡司，典掌眾政。……御史丞僧孺，首以朝議郎守尚書戶部郎中判度支案飛騎尉高允恭聞於予曰：……允恭始以儒家子，能文入官。在監察御史時，分務東臺，無所顧慮。爲刑部郎中，能守訓典。……爾其自勉，無俾僧孺狹於知人。可以本官兼侍御史知雜事。」

＊鄭瑤　侍御史　元和末、或長慶年間

《墓誌彙編》大中一三五《唐故邵州鄭使君墓誌有銘》：「使君貞元辛未年生，大中景子年歿。……交馬北平燧、李中書泌、張徐州建豐，掌北平書記十年，……得兼御史丞、副守北都，入爲司業少僕，亦刺絳州，諱叔規。……使君即淄州之長子，諱瑤，字君岩。少以干蠱聞，亦慕義氣然諾。始佐齊棣二州軍事，人謂忠於所奉，後爲氾水丞、……得監察裏行、殿中內供奉。府移盟津，遷侍御史，爲營田副使，知懷州事。」據《墓誌》，鄭瑤貞元辛未年生，即貞元七年（791），其任監察御史裏行、殿中侍御史內供奉約在元和後期。遷侍御史約在元和末、或長慶年間。

＊溫造　殿中侍御史

《通鑑》卷二四二：「長慶元年……秋，七月……丁亥，以殿中侍御史溫造爲起居舍人，充鎮州四面諸軍宣慰使，歷澤潞、河東、魏博、橫海、深冀、易定等道，諭以軍期。造，大雅之五世孫也。」

＊張徹　殿中侍御史（七月後）

《全文》卷五六四韓愈《幽州節度判官贈給事中清河張君墓誌銘》：「張君名徹，字某，以進士累官至范陽府監察御史。長慶元年，今牛宰相爲御史中丞，奏君名跡，中御史選，詔即以爲御史。其府惜不敢留，遣之，……發半道，有詔以君還之，仍遷殿中侍御史。」《通鑑》卷二四二載此事在長慶元年「秋，七月甲辰」，知本年七月後，朝廷授張徹殿中侍御史。

＊呂讓　殿中侍御史　長慶元年（821）至寶曆二年（826）

《墓誌彙編》大中一〇七《唐故中散大夫秘書監致仕上柱國賜紫金魚袋贈左散騎常侍東平呂府君墓誌銘並序》：「先府君諱讓，字遜叔，……皇考諱渭，禮部侍郎湖南觀察使。……二十三，進士上第。……邠率（當爲『寧』，《墓誌》錄文誤，筆者注）高公霞寓以勳業臨邊，欲重幕府，強公爲書記，改監察御史裏行，轉殿中侍御史賜緋魚袋。府罷，除三原令。……大中九年十月廿四日，棄養於歸仁里之私第，享年六十三。」高霞寓長慶元年（821）至寶曆二年（826）鎮邠寧，呂讓任殿中侍御史當在此期。

＊路群　監察御史

《會要》卷一八「原廟裁制下」：「長慶元年七月，監察御史路群奏：今月九日孟秋，享太慶廟，攝太尉、國子祭酒韓愈，准式於太廟致齋。」

＊宋申錫　監察御史

《舊書》卷一六七本傳：「長慶初，拜監察御史。……文宗又召師保、僕射、尚書丞郎、常侍、給事、諫議、舍人、御史中丞、京兆尹、大理卿，同於中書及集賢院參驗其事。」

＊張徹　監察御史　七月前

《全文》卷五六四韓愈《幽州節度判官贈給事中清河張君墓誌銘》：「張君名徹，字某，以進士累官至范陽府監察御史。長慶元年，今牛宰相爲御史中丞，奏君名跡，中御史選，詔即以爲御史。其府惜不敢留，遣之，……發半道，有詔以君還之，仍遷殿中侍御史，加賜朱衣銀魚。至數日，軍亂，怨其府從事，盡殺之，而囚其帥。」事又見《通鑑》卷二四二。《全詩》卷三四四韓愈《杏園送張徹侍御歸使》：「東風花樹下，送爾出京城。……更遣將詩酒，誰家逐後生。」

＊盧弘止（盧弘正） 監察御史

《舊書》卷一六三《盧簡辭傳・弟弘正附傳》：「簡辭弟弘正、簡求。弘正字子強，元和末登進士第，累辟使府掌書記。入朝爲監察御史、侍御史。」《新書》一七七《盧弘止傳》：「弘止字子強，佐劉悟幕，累擢監察御史。」劉悟元和十五年（820）至寶曆元年（825）任昭義節度使。盧弘止元和末中進士，其如劉悟幕最早在長慶元年（821）。弘正、弘止，實爲一人，《舊書》作「盧弘正」，《新書》作「盧弘止」，今從《新書》。

＊高銖 監察御史

《舊書》卷一六八《高釴傳・弟銖附傳》：「高銖，元和六年登進士第。穆宗即位，入朝爲監察御史。」

＊呂讓 監察御史裏行 長慶元年（821）至寶曆二年（826）

《墓誌彙編》大中一〇七《唐故中散大夫、秘書監致仕、上柱國、賜紫金魚袋、贈左散騎常侍、東平呂府君墓誌銘並序》：「先府君諱讓，字遜叔，……皇考諱渭，禮部侍郎湖南觀察使。……二十三，進士上第。……邠率（當爲『寧』，《墓誌》錄文誤，筆者注）高公霞寓以勳業臨邊，欲重幕府，強公爲書記，改監察御史裏行，轉殿中侍御史賜緋魚袋。府罷，除三原令。……大中九年十月廿四日，棄養於歸仁里之私第，享年六十三。」高霞寓長慶元年（821）至寶曆二年（826）鎮邠寧，呂讓任監察御史裏行當在此期。

唐穆宗長慶二年（822） 壬寅

＊張平叔 御史大夫（兼）

《舊書》卷一六《穆宗紀》：長慶「二年春正月癸巳朔，……甲寅，……以鴻臚卿、兼御史大夫張平叔判度支。」

＊王廷湊（王庭湊） 御史大夫（兼）

《舊書》卷一六《穆宗紀》：長慶二年「二月癸亥朔。甲子，詔雪王廷湊，仍授鎮州大都督府長史、御史大夫，充成德軍節度、鎮冀深趙等州觀察等使。」《全文》卷六七《赦鎮州德音》：「……王庭湊倉卒之際，固非始謀。……仍授檢校右散騎常侍、兼鎮州大都督府長史、御史大夫、充成德軍節度、鎮冀、

深、趙、等州觀察處置等使。」

＊令狐楚　御史大夫（兼）

《舊書》卷一七二本傳：「楚，……兒童時已學文，弱冠應進士，貞元七年登第。……自掌書記至節度判官，歷殿中侍御史。……（長慶）二年十一月，授陝州大都督府長史、兼御史大夫、陝虢觀察使。……敬宗即位，逢吉逐李紳，尋用楚爲河南尹、兼御史大夫。」

＊柳公綽　御史大夫

《舊書》卷一六《穆宗紀》：「（長慶二年）……九月戊子朔……以吏部侍郎柳公綽爲御史大夫。」

＊張茂宗　御史大夫（兼）

《舊書》卷一四一《張孝忠傳·弟茂宗附傳》：「……長慶初，岐人論訴不已，詔御史按驗明白，乃復以其地還百姓，貶傳式官。……茂宗俄授左金吾衛大將軍，長慶二年，檢校工部尚書，兼兗州刺史、御史大夫，充兗海沂節度等使，加檢校兵部尚書。」

＊李德裕　御史大夫（兼）　九月後

《舊書》卷一六《穆宗紀》：長慶二年「九月戊子朔，……癸卯，……御史中丞李德裕爲潤州刺史、兼御史大夫、浙江西道都團練觀察處置等使。」

＊郭鏦　御史大夫（兼）

《舊書》卷一二○《郭子儀傳·曖子鏦附傳》：「鏦，母昇平長公主，……穆宗即位，鏦爲叔舅，改右金吾衛大將軍，兼御史大夫。……長慶二年十月卒。」

＊崔弘禮　御史大夫（兼）

《舊書》卷一六三本傳：「舉進士，累佐藩府，官至侍御史。……長慶元年，……復加弘禮檢校左散騎常侍。……明年，汴州李反，……急詔追弘禮爲河南尹、兼御史大夫、東都畿汝都防禦副使。」

＊王智興　御史大夫（兼）　長慶元年（822）～大和六年（832）

《舊書》卷一五六本傳：「朝廷以罷兵，力不能加討，遂授智興檢校工部尚書、徐州刺史、御史大夫，充武寧軍節度、徐泗濠觀察使。」參《唐方鎮文職僚佐考》「感化軍節度」（第 102 頁）。

＊杜式方　御史中丞（兼）　三月前

杜式方本年兼御史中丞、充桂管觀察都防禦使，長慶二年三月卒。見長慶元年「杜式方」條。

＊杜載　御史中丞（兼）

《會要》卷九七「吐蕃」：「（長慶）二年……十月。命太僕少卿兼御史中丞杜載。持節充答吐蕃謝會盟使。」

＊李德裕　御史中丞　九月前

《舊書》卷一六《穆宗紀》：長慶二年「二月癸亥朔。……辛巳，……以翰林學士、中書舍人李德裕爲御史中丞。……九月戊子朔，……癸卯，……御史中丞李德裕爲潤州刺史、兼御史大夫、浙江西道都團練觀察處置等使。」

＊牛僧孺　御史中丞

《會要》卷六〇「御史臺」：「（長慶）二年正月，御史中丞牛僧孺奏：『諸道節度觀察等使，請在臺御史充判官。臣伏見貞元二年敕，在中書門下兩省供奉官，及尚書御史臺見任郎官御史，諸司諸使，並不得奏請任使，仍永爲例程。近日諸道奏請，皆不守敕文。臣昨十三日，已於延英面奏，伏蒙允許舉前敕，不許更有奏請。』制曰：『可。』」

＊李紳　御史中丞　九月後

《舊書》卷一七三本傳：「二年九月，出德裕爲浙西觀察使，乃用僧孺爲平章事，以紳爲御史中丞，冀離內職，易掎摭而逐之。……乃以吏部侍郎韓愈爲京兆尹，兼御史大夫，放臺參。」長慶二年九月，李德裕始爲浙江西道都團練觀察處置使，李紳代李德裕爲中丞。

＊馮宿　御史中丞

《舊書》卷一六八本傳：「（長慶）二年，以宿檢校右庶子、兼御史中丞，

賜紫金魚袋，往總留務。」

*韋辭　御史中丞（兼）　　長慶二年（822）～寶曆二年（826）

《舊書》卷一六〇本傳：「韋辭字踐之。……長慶初，韋處厚、路隨……擢爲戶部員外，轉刑部郎中，充京西北和糴使。尋爲戶部郎中、兼御史中丞，充鹽鐵副使，轉吏部郎中。文宗即位，……以辭與李翱同拜中書舍人。」韋辭長慶初擢爲戶部員外，又轉刑部郎中，尋轉戶部郎中、兼御史中丞，推其兼御史中丞約在長慶二年或稍後。

*王申伯　侍御史

《會要》卷六〇「御史臺上」：「（長慶）二年，……時段文昌自宰相出鎮庸蜀，奏諫官、御史、南宮郎三人爲僚佐。以某職帶臺銜上故可之。不逾年，又奏侍御史王申伯、監察蘇景裔，留中不下。……議者以爲當。」

*蘇景裔　監察御史

《會要》卷六〇「御史臺上」：「（長慶）二年，……時段文昌自宰相出鎮庸蜀，奏諫官、御史、南宮郎三人爲僚佐。以某職帶臺銜上故可之。不逾年，又奏侍御史王申伯、監察蘇景裔，留中不下。」

*史孝章　監察御史

《中國邊疆史地研究》2007 年第 6 期《唐故寧慶等州節度觀察處置等使、朝散大夫、檢校戶部尚書、兼御史大夫、賜紫金魚袋、贈尚書右僕射、北海史公墓誌銘並序》（門吏前寧慶等州節度判官朝議郎檢校尚書水部員外郎兼侍御史上柱國李景先撰）：「公諱孝章，字得仁，其先北海人。……長慶二年，持恩拜本府士曹參軍兼監察御史，仍賜緋魚袋。」

*李潘　監察御史裏行　殿中侍御史　長慶二年（822）～大和五年（831）

《墓誌彙編》開成〇五〇《唐故朝議郎、使持節光州諸軍事、守光州刺史、賜緋魚袋李公墓誌銘兼序》：「公名潘，字藻夫。……（王）承元以公有誠，盡推轂之力，遂奏□評爲巡官，轉掌書記。及王公移鎮於岐，累授裏行殿中侍御史，職歷節度判官。」

唐穆宗長慶三年（823） 癸卯

＊王涯　御史大夫（兼）

《舊書》卷一六九本傳：「（長慶）三年，入爲御史大夫，敬宗即位，改戶部侍郎、兼御史大夫，充鹽鐵轉運使，俄遷禮部尚書，充職，寶曆二年，檢校尚書左僕射、興元尹、山南西道節度使，就加檢校司空。」《新書》卷一七九本傳：「王涯字廣津，……涯博學，工屬文，往見梁肅，肅異其才，薦於陸贄。擢進士，又舉宏辭，再調藍田尉。久之，以左拾遺爲翰林學士，進起居舍人。……長慶三年，入爲御史大夫，遷戶部尚書、鹽鐵轉運使。……歲中，進尚書右僕射、代郡公。而御史中丞宇文鼎以涯兼使職，恥爲之屈。」

＊韓愈　御史大夫（兼）

《舊書》卷一六《穆宗紀》：「（長慶）三年……六月……敕京兆尹、御史大夫韓愈宜放臺參，後不得爲例。……十月……除韓愈爲京兆尹、兼御史大夫，仍放臺參。紳性峭直，屢上疏論其事，遂與愈辭理往復，逢吉乃兩罷之，然紳出而愈留。」《舊書》卷一六七《李逢吉傳》記載同。《會要》卷六七「京兆尹」條：「（長慶）三年四月敕：『京兆尹兼御史大夫韓愈放臺參，以後不得爲例。』」

＊元稹　御史大夫（兼）

《舊書》卷一六六本傳：「長慶二年，（元稹）拜平章事。詔下之日，朝野無不輕笑之。……遂俱罷元稹、度平章事，乃出元稹爲同州刺史……在郡二年，改授越州刺史、兼御史大夫、浙東觀察使。……凡在越八年。大和初，就加檢校禮部尚書。三年九月，入爲尚書左丞。……四年正月，檢校戶部尚書、兼鄂州刺史、御史大夫武昌軍節度使。五年七月二十二日暴疾，一日而卒於鎮，時年五十三。」又見《白居易集》卷七〇《唐故武昌軍節度處置等使、正議大夫、檢校戶部尚書、鄂州刺史、兼御史大夫·賜紫金魚袋、贈尚書右僕射、河南元公（稹）墓誌銘並序》。

＊鄭權　御史大夫（兼）

《會要》卷九八「回鶻」：「長慶……三年，崇德可汗卒，……命工部尚書兼御史大夫鄭權弔祭冊立之。」

＊李紳　御史中丞

《舊書》卷一六《穆宗紀》：「（長慶）三年……十月，以京兆尹韓愈爲兵部侍郎，以御史中丞李紳爲江西觀察使。」

＊牛僧孺　御史中丞

《新書》卷六三《宰相表下》：「（長慶）三年癸卯，三月壬戌，御史中丞牛僧孺爲戶部侍郎、同中書門下平章事。丁卯，復判戶部。」

＊沈傳師　御史中丞（兼）　長慶三年（823）～寶曆二年（826）

《舊書》卷一四九《沈傳師傳》：「俄兼御史中丞，出爲潭州刺史、湖南觀察使。」《全詩》卷四四三白居易《醉送李協律赴湖南辟命，因寄沈八中丞》：「富陽山底樟亭畔，立馬停舟飛酒盃。曾共中丞情繾綣，暫留協律語踟躕。……」沈八中丞，即沈傳師。《唐方鎮文職僚佐考》考沈傳師長慶三年（823）至寶曆二年（826）爲湖南觀察使，今從之。

＊史孝章　御史中丞（兼）

《中國邊疆史地研究》2007 年第 6 期《唐故寧慶等州節度觀察處置等使、朝散大夫、檢校戶部尙書、兼御史大夫、賜紫金魚袋、贈尙書右僕射、北海史公墓誌銘並序》（門吏前寧慶等州節度判官朝議郎檢校尙書水部員外郎兼侍御史上柱國李景先撰）：「公諱孝章，字得仁，其先北海人。……長慶二年，持恩拜本府士曹參軍兼監察御史。……是時，先侍中代田公佈爲魏帥。……公乃屬詞，潛達忠款，聞於聰聽，朝廷多之，加檢校太子左諭德、兼侍御史，充節度副使。……尋加檢校秘書少監兼御史中丞。明年，進朝散階，兼大夫。」史孝章長慶三年兼侍御史，《墓誌》云其「尋加檢校秘書少監兼御史中丞」應在本年。

＊史孝章　侍御史（兼）

《中國邊疆史地研究》2007 年第 6 期《唐故寧慶等州節度觀察處置等使、朝散大夫、檢校戶部尙書、兼御史大夫、賜紫金魚袋、贈尙書右僕射、北海史公墓誌銘並序》（門吏前寧慶等州節度判官朝議郎檢校尙書水部員外郎兼侍御史上柱國李景先撰）：「公諱孝章，字得仁，其先北海人。……長慶二年，持恩拜本府士曹參軍兼監察御史。……是時，先侍中代田公佈爲魏

帥。……公乃屬詞，潛達忠款，聞於聰聽，朝廷多之，加檢校太子左諭德、兼侍御史，充節度副使。……尋加檢校秘書少監兼御史中丞。明年，進朝散階，兼大夫。今上即位，……遷檢校左散騎常侍。」《舊唐書·穆宗紀》：長慶二年（822）正月，「魏博牙將史憲誠奪帥，田布伏劍而卒。己酉，以魏博中軍先鋒兵馬使憲誠檢校工部尚書，兼魏州大都督府長史，充魏博節度使。」史孝章「潛達忠款，聞於聰聽」，大獲封授應在長慶三年。

＊李回　監察御史　長慶三年（823）～寶曆元年（825）

《舊書》卷一七三本傳：「長慶初，進士擢第，又對登賢良方正制科，釋褐滑臺從事，揚州掌書記，得監察御史。……武宗即位，拜工部侍郎，……三年，兼御史中丞。」

霍按：穆宗長慶元年（821 年）十二月，「賢良方正能直言極諫」科制舉及第者龐嚴、任晼、呂述、姚中立、韋曙、李回、崔嘏、崔龜從、韋正貫、崔知白、陳元錫等。其任監察御史約在長慶三年。又戴偉華《唐方鎮文職僚佐考》考李回長慶三年（823）～寶曆元年（825）在高承簡幕（第 74 頁），今從之。

唐穆宗長慶四年（824）甲辰

＊崔植　御史大夫（兼）

《舊書》卷一七《敬宗、文宗上》：長慶四年「冬十月，……壬寅，以鄂岳觀察使、檢校兵部尚書崔植檢校吏部尚書，兼廣州刺史、御史大夫，充嶺南節度觀察經略使。」《新書·崔植傳》：「崔植，字公修，祐甫弟廬江令嬰甫子也。……長慶初，拜中書侍郎、同中書門下平章事。……罷為刑部尚書，旋授岳鄂觀察使。」《舊書》卷一七七《崔慎由傳·伯父能附傳》：「穆宗即位，弟從居顯列，召拜將作監，長慶四年九月，出為廣州刺史、御史大夫、嶺南節度使。」崔從未任岳鄂觀察使，《舊書》誤將崔植作崔從。

＊王涯　御史大夫（兼）

《舊書》卷一七《敬宗、文宗上》：長慶四年「夏四月庚辰朔，甲申，……以御史大夫王涯為戶部尚書、兼御史大夫，充鹽鐵轉運等使。」

＊竇易直　御史大夫（兼）

《舊書》卷一七《敬宗、文宗上》：長慶四年「五月己酉朔，……以朝議郎、守尙書戶部侍郎、兼御史大夫、判度支、上柱國、賜紫金魚袋竇易直爲朝散大夫，本官同中書門下平章事。」《全文》卷六八《授竇易直平章事制》：「……朝議郎、守尙書戶部侍郎、兼御史大夫、判度支、上柱國、賜紫金魚袋竇易直，端厚靜愨，直方簡廉，氣深而和，識敏而達。……可朝散大夫、守尙書戶部侍郎、同中書門下平章事、判度支。」

＊崔元略　御史大夫（兼）

《舊書》卷一七《敬宗、文宗上》：長慶四年「秋七月戊申朔，……以大理卿崔元略爲京兆尹、兼御史大夫。」

＊李愿　御史大夫（兼）

《舊書》卷一七《文宗紀上》：長慶四年「六月……壬辰，以左金吾大將軍李愿檢校司空、兼河中尹、御史大夫，充河中絳隰等州節度使。」

＊賈直言　御史大夫（穆宗時）

《舊書》卷一八七《忠義傳下・賈直言傳》：「穆宗以諫議大夫徵之，悟拜章乞留，復授檢校右庶子、兼御史大夫，依前充昭義軍行軍司馬。」
暫繫於此，待考。

＊史孝章　御史大夫（兼）

《中國邊疆史地研究》2007 年第 6 期《唐故寧慶等州節度觀察處置等使、朝散大夫、檢校戶部尙書、兼御史大夫、賜紫金魚袋、贈尙書右僕射、北海史公墓誌銘並序》（門吏前寧慶等州節度判官朝議郎檢校尙書水部員外郎兼侍御史上柱國李景先撰）：「公諱孝章，字得仁，其先北海人。……長慶二年，持恩拜本府士曹參軍兼監察御史。……是時，先侍中代田公佈爲魏帥。……公乃屬詞，潛達忠款，聞於聰聽，朝廷多之，加檢校太子左諭德、兼侍御史，充節度副使。……尋加檢校秘書少監兼御史中丞。明年，進朝散階，兼大夫。」史孝章長慶三年尋加檢校秘書少監、兼御史中丞，其「明年，進朝散階，兼大夫」，應在長慶四年。

＊韋顗　御史中丞（兼）　長慶四年～寶曆元年

《舊書》卷一七《敬宗、文宗上》：長慶四年「冬十月，……以戶部侍

郎韋顗爲御史中丞，兼戶部侍郎。」《舊書》卷一〇八《韋見素傳・益子顗附傳》：「益子顗，字周仁，……性嗜學，尤精陰陽、象緯、經略、風俗之書。善持論，有清譽。……自鄠縣尉判入等，授萬年尉，歷御史、補闕、尚書郎，累遷給事中、尚書左丞、戶部侍郎、中丞、吏部侍郎。……寶曆元年七月卒。」據嚴耕望《唐僕尚丞郎表》，韋顗長慶四年十月至寶曆元年七月任戶部侍郎兼御史中丞。

＊鄭覃　御史中丞

《舊書》卷一七三本傳：「（長慶）四年，遷御史中丞。」《舊書》卷一七《敬宗、文宗上》：長慶四年「冬十月，……以御史中丞鄭覃權知工部侍郎。」

＊溫造　侍御史

《舊書》卷一七《敬宗、文宗上》：「御史溫造於閣內奏彈祐罷使違敕進奉，祐趨出待罪，詔宥之。」《會要》卷六一：「長慶四年，侍御史溫造於閣內奏彈左金吾大將軍李祐近違敕罷吏，請進馬以論。祐趨出待罪，宣敕放之。」《舊書》卷一六五本傳：「長慶元年，授京兆府司錄參軍，奉使河朔稱旨，遷殿中侍御史。……居四年，召拜侍御史，請復置彈事朱衣、豸冠於外廊，大臣阻而不行。大臣阻而不行。李祐自夏州入拜金吾違制進馬一百五十匹，造正衙彈奏，祐股顫汗流。祐私謂人曰：『吾夜逾蔡州城擒吳元濟，未嘗心動，今日膽落於溫御史。吁，可畏哉。』……尋拜御史中丞。」

＊高少逸　侍御史

《舊書》卷一七一《高元裕傳》：「少逸，長慶末爲侍御史。」《新書》卷一七七《高元裕傳》：「元少逸，長慶末爲侍御史，坐失舉劾，貶贊善大夫，累遷諫議大夫，乃代元裕。稍進給事中，出爲陝虢觀察使。」

＊吳思　殿中侍御史

《舊書》卷一七《敬宗、文宗上》：長慶四年「二月辛巳朔，……以右拾遺吳思爲殿中侍御史，充入蕃告哀使。」又見《舊書》卷一六六《元稹傳・龐嚴附傳》、卷一七三《李紳傳》。

＊盧簡辭　監察御史

《舊書》卷一六三本傳：「盧簡辭字子策，范陽人。……元和六年登第，

……長慶末，入朝爲監察，轉侍御史。」

唐敬宗寶曆元年（825） 乙巳

正月，辛亥，大赦，改元寶曆。《舊書》卷一七《敬宗紀》。

＊竇易直　御史大夫

《舊書》卷一七《敬宗紀》：「（長慶）四年正月壬申，穆宗崩，癸酉，皇太子即位靈柩前，時年十六。……五月己酉朔，乙卯……以朝議郎、守尚書戶部侍郎、兼御史大夫、判度支、上柱國、賜紫金魚袋竇易直爲朝散大夫，本官同中書門下平章事。」

＊崔元略　御史大夫（兼）

《舊書》卷一七《敬宗、文宗上》：「寶曆元年……夏四月甲戌朔，……御史蕭徹彈京兆尹、兼御史大夫崔元略違詔徵畿內所放錢萬七十貫，付三司勘鞫不虛。」《新書》卷一六〇《崔元略傳》：「敬宗初，還京兆尹，兼御史大夫。收貸錢萬七千緡，爲御史劾奏，詔刑部郎中趙元亮、大理正元從質、侍御史溫造以三司雜治。元略素事宦人崔潭峻，……宣宗初，擢河中節度使，以御史大夫召，用會昌故官輔政，進尚書左僕射。」《舊書》本傳略同。

＊劉從諫　御史大夫（兼）　寶曆元年（825）～寶曆二年四月（826）

《舊書》卷一七《文宗紀上》：寶曆元年十二月，「以劉悟子將作監主簿從諫起復雲麾將軍、守金吾衛大將軍同正、檢校左散騎常侍、兼御史大夫，充昭義節度留後。……（寶曆）二年四月，昭義節度使留後劉從諫檢校工部尚書，充昭義節度副大使、知節度事。」《舊書》卷一六一《劉悟傳·子從諫附傳》：「從諫自將作監主簿，起復雲麾將軍，守金吾衛大將軍同正、檢校左散騎常侍、兼御史大夫，充昭義節度副大使，知節度觀察等留後。」

＊李渤　御史中丞（兼）

《舊書》卷一七《文宗紀上》：「寶曆元年春正月……以給事中李渤爲桂州刺史、兼御史中丞、桂管防禦觀察使。」《舊書》卷一七一本傳：「長慶、寶曆中，政出多門，事歸邪佞。渤不顧患難，章疏論列，曾無虛日。帝雖昏縱，亦爲之感悟。轉給事中。……寶曆元年，……以渤黨發，出爲桂州刺史、

兼御史中丞，充桂管都防禦觀察使。」

＊王璠　御史中丞

《舊書》卷一六九本傳：「元和中，入朝爲監察御史，再遷起居舍人，副鄭覃宣慰於鎮州。……寶曆元年二月，轉御史中丞。」

獨孤朗　御史中丞

《舊書》卷一七《文宗紀上》：「辛未，以殿史中丞王璠爲工部侍郎，以諫議大夫獨孤朗爲御史中丞。……京兆尹劉棲楚決責樂伎，御史中丞獨孤朗論之太切，上怒，遂貶源植。……六月丁酉朔，賜御史中丞獨孤朗金紫，丁巳，減放苑內役人二千五百。……庚午，以御史中丞獨孤朗爲戶部侍郎。」《舊書》卷一六八《獨孤鬱傳・弟朗附傳》：「寶曆元年十一月，拜御史中丞。……侍御史李道樞乘醉謁朗，朗劾之，左授司議郎……憲府故事，三院御史由大夫、中丞自闢，請命於朝。……大和元年八月，出爲福州刺史、御史中丞、福建觀察使。」《新書》卷一六二《獨孤及傳》：「敬宗初，宦官毆鄠令崔發雞幹下，（獨孤）朗請誅首惡以正常法。王播略權近，還判監鐵，朗連疏論執。遷御史中丞。故事，選御史皆中丞自請。是時，崔晃、鄭居中緣宰相力，得監察御史，朗拒不納，晃、居中卒改他官。侍御史李道樞醉謁朗，朗劾不虔，下除司議郎。會殿中王源植貶官，朗直其枉，書五上不報，即自劾執法不稱，願罷去。帝遣中人尉諭不許。」

霍按：獨孤朗又見《題名考》「碑額題名（德宗至憲宗）」條：「獨孤朗見郎官左中。《舊傳》：『自興元戶曹入爲監察御史，轉殿中。元和十五年，兼充史館修撰、都官員外郎。』《新傳》略同。元稹《獨孤朗授尚書都官員外郎制》：『殿中侍御史充史館修撰獨孤朗，可尚書都官員外郎，依前史館修撰，餘如故。』《元微之文集》四十七。李翱《獨孤常侍墓誌》：『自興元府倉曹參軍，三年復徵入爲監察御史，改京兆府司錄參軍，遷殿中，尋加史館修撰，入省爲都官員外郎。』《李文公集》十四。」《題名考》無獨孤朗任御史中丞之記載，故補於此。

＊蕭祐　御史中丞　約寶曆元年（825）～大和二年（828）

《舊書》卷一六八《蕭祐傳》：「元和末進御，……授兵部郎中，出爲虢州刺史，入爲太常少卿，轉諫議大夫。逾月爲桂州刺史、御史中丞、桂管防

禦觀察使。」

＊蕭徹　侍御史

《舊書》卷一七《文宗紀上》：「御史蕭徹彈京兆尹、兼御史大夫崔元略違詔徵畿內所放錢萬七十貫，付三司勘鞫不虛。」《舊書》卷一六三《崔元略傳》：「……敬宗即位，復爲京兆尹，尋兼御史大夫。以誤徵畿甸經赦免放緡錢萬七千貫，爲侍御史蕭澈彈劾。有詔刑部郎中趙元亮、大理正元從質、侍御史溫造充三司覆理。蕭徹、蕭澈實爲一人。

＊李道樞　侍御史

《舊書》卷一六八《獨孤鬱傳・弟朗附傳》：「……侍御史李道樞乘醉謁朗，朗劾之，左授司議郎……憲府故事，三院御史由大夫、中丞自闢，請命於朝。」《新書》卷一六二《獨孤及傳》：「侍御史李道樞醉謁朗，朗劾不虔，下除司議郎。會殿中王源植貶官，朗直其枉，書五上不報，即自劾執法不稱，願罷去。」

＊吳思　殿中侍御史

《舊書》卷一七三《李紳傳》：「……敬宗初即位，逢吉快紳失勢……帝初即位，方倚大臣，不能自執，乃貶紳端州司馬。貶制既行，百僚中書賀宰相，唯右拾遺吳思不賀。逢吉怒，改爲殿中侍御史，充入蕃告哀使。」《舊書》卷一六六《元稹傳・龐嚴附傳》略同。

唐敬宗寶曆二年（826）　丙午

＊崔從　御史大夫（兼）

《舊書》卷一七《文宗紀上》：「（寶曆）二年八月，……癸丑，以太常卿崔從檢校吏部尚書、判東都尚書省事、兼御史大夫、東都留守、東畿汝都防禦使。」

＊劉棲楚　御史大夫（兼）

《舊書》卷一七《文宗紀下》：「（寶曆）二年……八月……加京兆尹劉棲楚兼御史大夫。」

＊李銳　御史大夫（兼）

《會要》卷九七「吐蕃」：「寶曆……二年十一月，詔遣光祿卿兼御史大夫李銳，持節入蕃，充答和好使。」

＊獨孤朗　御史中丞

《新書》卷一六二《獨孤及傳》：「（獨孤及子朗）敬宗初，宦官殿鄯令崔發雞幹下，朗請誅首惡以正常法。……故事，選御史皆中丞自請。是時，崔晃、鄭居中縣宰相力，得監察御史，朗拒不納，晃、居中卒改他官。侍御史李道樞醉謁朗，朗劾不虔，下除司議郎。會殿中王源植貶官，朗直其枉，書五上不報，即自劾執法不稱，願罷去。帝遣中人尉諭不許。」《元龜》卷五二二《憲官部·遣讓》：「王源植寶曆二年爲殿中侍御史，源植於衢路爲教坊樂伎所侮，源植道從訶叱不止，遂成忿競。京兆尹劉棲楚科責伎者，訴於本司，因有詔令御史臺勘詰，時中丞獨孤朗論之稍過，帝怒遂貶源植爲昭州司馬同正。」

＊徐晦　御史中丞

《舊書》卷一六五本傳：「徐晦，進士擢第，登直言極諫制科，授溧陽尉。……不數日，御史中丞李夷簡請爲監察，晦白夷簡曰：「生平不踐公門，公何取信而見獎拔？」……歷殿中侍御史、尚書郎，出爲晉州刺史。（寶曆）二年，入爲工部侍郎，出爲同州刺史、兼御史中丞。」

＊崔咸　侍御史

《通鑑》卷二四三：「（寶曆）二年，……度初至京師，朝士塡門，度留客飲。京兆尹劉棲楚附度耳語，侍御史崔咸舉觴罰度曰……」《新書》卷一七七本傳：「崔咸字重易，博州博平人。元和初，擢進士第，又中宏辭。鄭餘慶、李夷簡皆表在幕府，與均禮。入朝爲侍御史，處正特立，風采動一時。」

＊高少逸　侍御史

《元龜》卷五二二《憲官部·遣讓》：「高少逸寶曆二年爲侍御史，時金吾將軍李岵入閣失儀，少逸爲知彈御史以不彈奏，貶太子左贊善大夫。御史丞獨孤朗、侍御史竇鞏不彈奏少逸，宜各罰一月俸。」

＊竇鞏　侍御史

《舊書》卷一五五《竇群傳·弟鞏附傳》：「入朝，拜侍御史，歷司勳員

外、刑部郎中。……元稹觀察浙東，奏爲副使、檢校秘書少監、兼御史中丞。」
《元龜》卷五二二《憲官部・遣讓》：「高少逸寶曆二年爲侍御史，時金吾將
軍李岵入閣失儀，少逸爲知彈御史以不彈奏，貶太子左贊善大夫。御史丞獨
孤朗、侍御史竇鞏不彈奏少逸，宜各罰一月俸。」

＊羅立言　侍御史

　　《舊書》卷一六九本傳：「（寶曆）二年，坐糶米不實，計贓一萬九千貫，
鹽鐵使惜其吏能，定罪止削所兼侍御史。」

＊趙元亮　侍御史

　　《舊書》卷一三八《趙憬傳》：「趙憬子……元亮官至左司郎中、侍御史
知雜事卒。次子全亮，官至侍御史、桂管防禦判官。」《新書》卷一六○《崔
元略傳》：「敬宗初，還京兆尹，兼御史大夫。收貸錢萬七千緡，爲御史劾奏，
詔刑部郎中趙元亮、大理正元從質、侍御史溫造以三司雜治。」趙元亮治崔
元略貪贓事在敬宗寶曆元年，其任侍御史知雜事當在此稍後，暫繫於此，待
考。趙元亮應爲右司郎中，《舊書》卷一三八《趙憬傳》云「元亮官至左司
郎中」，蓋誤記。

＊呂讓　侍御史（兼）

　　《墓誌彙編》大中一○七《唐故中散大夫秘書監致仕上柱國賜紫金魚袋贈
左散騎常侍東平呂府君墓誌銘並序》：「先府君諱讓，字遜叔，……皇考諱渭，
禮部侍郎湖南觀察使。……二十三，進士上第。……邠率（當爲『寧』，《墓
誌》錄文誤，筆者注）高公霞寓以勳業臨邊，欲重幕府，強公爲書記，改監
察御史裏行，轉殿中侍御史賜緋魚袋。府罷，除三原令。改檢校尚書倉部員
外郎兼侍御史，以留守判官佐相公彭原公於北都。」《舊書》卷一六七《李程
傳》：寶曆二年，李程「罷相，檢校兵部尚書同平章事、太原尹、北京留守、
河東節度使。」呂讓在李程幕兼侍御史應在此時。

＊王源植　殿中侍御史

　　《舊書》卷一七《文宗紀上》：「（寶曆）二年春正月己巳朔，……貶殿中
侍御史王源植昭州司馬。」《新書》卷一六二《獨孤及傳》：「（獨孤及子朗）
敬宗初，宦官毆鄠令崔發雞幹下，朗請誅首惡以正常法。……故事，選御史
皆中丞自請。是時，崔晃、鄭居中緣宰相力，得監察御史，朗拒不納，晃、

居中卒改他官。侍御史李道樞醉謁朗，朗劾不虔，下除司議郎。會殿中王源植貶官，朗直其枉，書五上不報，即自劾執法不稱，願罷去。帝遣中人尉諭不許。」

李顧行　監察御史

《舊書》卷一六八《馮定傳》：「寶曆二年，長壽縣尉馬洪沼告定強奪人妻，及將闕官職田祿粟入己費用，詔監察御史李顧行鞫之。」又見《題名考》「監察御史」條。

＊崔蠡　監察御史

《舊書》卷一一七《崔寧傳・從孫蠡附傳》：「蠡字越卿，元和五年擢第，累辟使府。寶曆中，入朝監察御史。」

＊劉寬夫　監察御史

《舊書》卷一五三《劉乃傳・孫寬夫附傳》：「寶曆中，入爲監察御史。」《舊書》卷一五三《劉寬夫附傳》云「寶曆中入爲監察御史」，暫繫於此，待考。

＊姚合　監察御史

《舊書》卷九六《姚崇傳》：「崇長子彝，……玄孫合，登進士第，授武功尉，遷監察御史，位終給事中。」《元龜》卷一三一：「寶曆……二年四月，以姚元崇玄孫前京兆府富平縣尉姚合爲監察御史。」《全詩》卷五八九李頻《送姚侍御充渭北掌書記》：「……豸冠嚴在首，雄筆健隨身。飲馬河聲暮，休兵塞色春。敗亡仍暴骨，冤哭可傷神。」《全詩》卷五五六馬戴《洛中寒夜姚侍御宅懷賈島》：「夜木動寒色，雒陽城闕深。如何異鄉思，更抱故人心。」《新書》卷一二四《姚崇傳》：「姚崇曾孫合、勖。合，元和中進士及第，調武功尉，善詩，世號姚武功者。遷監察御史，累轉給事中。」從馬戴《洛中寒夜姚侍御宅懷賈島》觀之，姚合似從監察御史轉洛陽東都留臺監察御史。

＊周墀　監察御史

《新書》卷一八二《周墀傳》：「周墀字德升，本汝南人。少孤，事母孝。及進士第，辟湖南團練府巡官，入爲監察御史、集賢殿學士。……文宗雅重之。李宗閔鎮山南，表行軍司馬，閱歲召還。大和末，訓、注亂政，……遷

起居舍人，改考功員外郎，兼舍人事。」《全文》卷七五五杜牧《唐故東川節度檢校右僕射兼御史大夫贈司徒周公墓誌銘》：「公少孤，……舉進士登第，始試秘書正字湖南團練巡官。……後自留守府監察眞拜御史集賢殿學士。」《唐方鎮文職僚佐考》考沈傳師長慶三年（823）至寶曆二年（826）爲湖南觀察使。周墀由沈傳師幕入爲監察御史應在本年。

李顧行　監察御史

《題名考》卷二「監察御史並□□□」：「李顧行，見郎官金外。舊馮定傳：寶曆二年，長壽縣尉馬洪沼告郢州刺史馮定，詔監察御史李顧行鞫之。」

唐敬宗寶曆三年、文宗大和元年（827）　丁未

二月乙巳，敬宗崩，文宗御丹鳳樓，大赦，改元大和。《舊書·文宗紀》、《通鑒》卷二四三。

＊庾承宣　御史大夫（兼）

《舊書》卷一七《文宗紀下》：「（大和）元年春正月，……以吏部侍郎庾承宣爲京兆尹、兼御史大夫。」《新唐書》卷二〇三載《文藝傳下·歐陽詹傳》：「（貞元八年）舉進士，與韓愈、李觀、李絳、崔群、王涯、馮宿、庾承宣聯第，皆天下選，時稱『龍虎榜』。」

＊段文昌　御史大夫

《舊書》卷一七《文宗紀下》：「（大和）元年春正月，……以兵部尚書，權判左丞事段文昌爲御史大夫。」《舊書》卷一六七本傳：「俄拜監察御史，遷左補闕，改祠部員外郎。元和十一年，守本官，充翰林學士。……文宗即位，遷御史大夫，尋檢校尚書右僕射、揚州大都督府長史、同平章事、淮南節度使。」《新書》卷八九本傳：「文宗立，拜御史大夫，進封鄒平郡公。」

＊崔珙　御史大夫（兼）

《舊書》卷一七七《崔珙傳》：「珙，……以書判拔萃高等，大和初，……以王茂元代珙鎮廣南，授珙兼檢校工部尚書、徐州刺史、兼御史大夫，充武寧軍節度、徐泗濠觀察使。……宣宗即位，……（大中）三年，崔鉉復知政事，珙辭疾請罷，制曰：『將相大臣，與國同體，誠欲自便，豈宜不從？苟

非其時，涉於避事。前鳳翔隴州節度觀察處置等使、光祿大夫、檢校尚書右僕射、兼鳳翔尹、御史大夫、上柱國、安平郡開國公、食邑二千戶崔珙，早以器能，周歷顯重。行己每稱其友悌，在公亦竭其精忠。自負遣前朝，遠移南徼，及我嗣守，頗聞嘉名。……可太子少師，分司東都。』」《全文》卷七九《貶崔珙太子少師分司東都制》：「……前鳳翔隴州節度觀察處置等使光祿大夫、檢校尚書左僕射、兼鳳翔尹、御史大夫、上柱國、安平郡開國公、食邑二千戶崔珙，……可太子少師分司東都。」

＊孔戣　御史大夫（兼）

《舊書》卷一五四《孔戣傳》：「戣字方舉。……入爲右散騎常侍，拜京兆尹。時累月亢旱，戣自禱雨於曲池，是夕大雨，文宗詔兼御史大夫。大和三年正月卒。」又見《新書》卷一六三《孔戣傳》。孔戣兼御史大夫應在大和元年、或二年。

＊于敖　御史中丞　大和元年（827）～大和四年（830）

《舊書》卷一四九《于休烈傳・肅子敖附傳》：「（于休烈子肅，肅子敖）自協律郎、大理評事試監察御史。……元和六年，眞拜監察御史。……尋轉工部侍郎，遷刑部，出爲宣歙觀察使、兼御史中丞。」

＊張仲方　御史中丞（兼）

《舊書》卷一七一本傳：「仲方伯祖始興文獻公張九齡，開元名相。仲方，貞元中進士擢第，宏辭登科。……大和初，出爲福州刺史、兼御史中丞、福建觀察使。」

＊溫造　御史中丞

《舊書》卷一七《敬宗、文宗上》：「大和元年六月……丙申，左司郎中、兼侍御史知雜溫造權知御史中丞。」

＊竇鞏　御史中丞（兼）

《舊書》卷一五五《竇群傳・弟鞏附傳》：「入朝，拜侍御史，歷司勳員外、刑部郎中。……元稹觀察浙東，奏爲副使、檢校秘書少監、兼御史中丞。」

獨孤朗　御史中丞（兼）

《舊書》卷一六八《獨孤鬱傳‧弟朗附傳》：「……大和元年八月，出爲福州刺史、御史中丞、福建觀察使。是月赴官，暴卒於路。」

＊高元裕　侍御史

《舊書》卷一七一本傳：「高元裕，字景圭，渤海人。……元裕登進士第，本名允中，大和初，爲侍御史，奏改元裕。」

＊高允中　侍御史

《會要》卷五六「左右補闕拾遺」：「大和元年十一月，敕以右補闕高允中爲侍御史。」

＊李同捷　侍御史

《舊書》卷一七《敬宗、文宗上》：「大和元年……五月……以前攝橫海軍節度副使、檢校國子祭酒、侍御史李同捷檢校左散騎常侍，兼兗州刺史，充兗海沂密等州節度使。」

＊劉幼復　侍御史

《元龜》卷五二〇《憲官部‧彈劾》：「文宗太和元年，幼復廷奏前福建觀察使衛中行擅用官錢三萬餘貫，仗請付法。」

＊陳夷行　侍御史（寶曆末）

《舊書》卷一七三本傳：「寶曆末，由侍御史改虞部員外郎，皆分務東都。」

＊唐持　侍御史

《舊書》卷一九〇《文苑傳下》：「持字扶德，元和十五年擢進士第，累辟諸侯府。入朝爲侍御史、尚書郎。」《全詩》卷四六六沈傳師《次潭州酬唐侍御姚員外遊道林嶽麓寺題示》。沈傳師長慶三年（823）至寶曆二年（826）爲潭州刺史、湖南觀察使。《舊書》唐持「元和十五年擢進士第，累辟諸侯府」，與此大致相合，參戴偉華《唐方鎮文職僚佐考》「湖南節度使」（第354頁）。則唐持入朝爲侍御史應在寶曆二年之後，故繫於此。

＊薛廷老　殿中侍御史

《舊書》卷一五三《薛存誠傳·子廷老附傳》：「文宗即位，入爲殿中侍御史。」《新書》卷一六二《薛存誠傳》：「廷老字商叟，及進士第，讜正有父風。寶曆中，爲右拾遺。……文宗立，召爲殿中侍御史。李讓夷數薦之，拜翰林學士。……開成三年，遷給事中。在公卿間，侃侃不干虛譽，推爲正人。」

＊裴休　監察御史

《舊書》卷一七七《裴休傳》：「父肅。肅，貞元中自常州刺史兼御史中丞、越州刺史、浙東團練觀察等使。肅生三子，儔、休、俅。皆登進士第。休，志操堅正，……大和初，歷諸藩辟召，入爲監察御史、右補闕、史館修撰。」

唐文宗大和二年（828）　戊申

＊鄭絪　御史大夫

《舊書》卷一五九《鄭絪傳》：「鄭絪字文明，……大和二年，入爲御史大夫、檢校左僕射、兼太子少保。」

＊李絳　御史大夫（兼）

《舊書》卷一六四《李絳傳》：「……又嘗與御史中丞王璠相遇於道，璠不爲之避，絳奏論事體，敕命兩省詳議，咸以絳論奏是。……文宗即位，徵爲太常卿。二年，檢校司空，出爲興元尹、山南西道節度使。……四年二月，絳乃爲亂兵所害，時年六十七。文宗聞奏震悼，下制曰：『……故山南西道節度、管內觀察處置等使、銀青光祿大夫、檢校司空，兼興元尹、御史大夫、上柱國、趙郡開國公、食邑二千戶李絳，神授聰明，天賦清直。』」

＊溫造　御史中丞

《會要》卷六一：「大和二年，義成軍節度使李聽爲魏博所敗，喪師過半。御史中丞溫造、殿中侍御史崔蠡彈之曰：『賞罰立，無以不示天下。李聽按甲遷延，逗撓軍政，以致狼狽就道，自圖苟免。伏請付法司論罪。』上特原之。」事又見《舊書》卷一三三《李晟傳·子聽附傳》。《元龜》卷五二二《憲官部·遺讓》：「溫造爲御史中丞，文宗太和二年宮中遺火，造奏：初聞宮中遺火……」

＊盧弘止（盧弘正）　侍御史　大和二年（828）～大和四年（830）

《舊書》卷一六三《盧簡辭傳・弟弘正附傳》：「簡辭弟弘正、簡求。弘正字子強，元和末登進士第，累辟使府掌書記。入朝爲監察御史、侍御史。」《全詩》卷五三八許渾《酬江西盧端公藍口阻風見寄》。《唐方鎮文職僚佐考》（第330頁）考盧弘止大和二年（828）至大和四年（830）在江西沈傳師幕任侍御史，今從之。又許渾詩題云「酬江西盧端公」，亦知此時盧弘止在江西沈傳師幕。

＊李中敏　侍御史　大和二年（828）～大和四年（830）

《新書》卷一一八《李中敏傳》：「李中敏字藏之，系出隴西。元和中，擢進士第。性剛峭，與杜牧、李甘善，其文辭氣節大抵相上下。沈傳師觀察江西，辟爲判官。入拜侍御史。」沈傳師大和二年至大和四年爲江西觀察使，李中敏任侍御史在此期間。

＊崔蠡　殿中侍御史

《舊書》卷一三三《李晟傳・子聽附傳》：「大和二年，討李同捷，……喪師過半，……御史中丞溫造、殿中侍御史崔蠡彈之曰……」又見《會要》卷六一。

＊姚合　殿中侍御史

晁公武《郡齋讀書志》卷四：「寶曆中，監察、殿中御史，出金、杭二州刺史。」《元龜》卷五二二《憲官部・遣讓》：「溫造爲御史中丞，文宗太和二年宮中遺火，造奏：『』初聞宮中遺火緣妖賊，並禁在臺，恐有奸謀。遂追集人吏設備是防，然後奔走入朝，稍在後兩巡使崔宜、姚合，其日臺中，忽聞有火遂……姚合、崔宜等各罰一月俸。」知大和二年姚合仍在殿中侍御史任。參傅璇琮主編《唐才子傳校箋》卷六「姚合」。

＊舒元輿　監察御史

《舊書》卷二四「禮儀四」：「大和二年八月，監察御史舒元輿奏：『七月十八日，祀九宮貴神，臣次合監祭，……悠久誤典，因此可正。』詔都省議，皆如元輿之議。乃降爲中祠，祝版稱皇帝，不署。」《舊書》卷一六九《舒元輿傳》：「舒元輿者，江州人。元和八年登進士第，釋褐諸府從事。大和初，入朝爲監察，轉侍御史。大和九年……九月，拜御史中丞，兼判刑部

侍郎。」

＊柳璟　監察御史

《會要》卷六〇「御史臺上」：「太和二年，郊廟告祭，差攝三公行事，多以雜品。監察御史柳璟監祭，奏曰：『元二十三年敕，宗廟大祀……』」

＊楊乾光　監察御史（兼）　大和二年（828）～六年（832）

《墓誌彙編》大中〇九七《唐故朝散大夫使持節丹州諸軍事守丹州刺史充本州防禦使上柱國弘農楊公墓誌銘並序》：「公諱乾光，字耀卿，其先弘農人也。……丞相晉公錄其茂績，以聞於上，召拜河南府偃師尉，遷試大理評事兼監察御史，靈武節度巡官。轉監察御史裏行、鄜坊觀察判官。連帥史公以州府繁務，委公總之，」晉公，即晉國公裴度，大和元年（827）至三年（829）以司空平章事判度支（參嚴耕望《唐僕尚丞郎表》第173～174頁），其薦楊乾光應在大和二年前後。《墓誌》云史公，即史孝章，大和六年至九年爲鄜坊節度使，故楊乾光任大理評事兼監察御史，靈武節度巡官應在大和六年前。

唐文宗大和三年（829）　己酉

＊崔護　御史大夫

《舊書》卷一七《文宗上》：「（大和）三年……秋七月……丁酉，以京兆尹崔護爲御史大夫、廣南節度使。」

＊溫造　御史中丞

《舊書》卷一七《文宗上》：「（大和）三年十二月……癸酉，以中丞溫造爲右丞。」

＊宇文鼎　御史中丞

《舊書》卷一七《文宗上》：「（大和）三年十二月……吏部郎中宇文鼎爲中丞。」

＊韋辭　御史中丞（兼）

《舊書》卷一六〇本傳：「……長慶初，……尋爲戶部郎中、兼御史中丞，

充鹽鐵副使，轉吏部郎中。……辭素無清藻，……與李翶特相善，俱擅文學高名。……處厚以激時用，頗不厭公論，辭亦倦於潤色，苦求外任，乃出爲潭州刺史、御史中丞、湖南觀察使，在鎮二年，吏民稱之。大和四年卒，時年五十八。」《全文》卷七一七韋辭《請停榷面奏》。《元龜》卷五○四：「文宗太和四年七月，湖南觀察使韋詞奏前使王公亮……」《舊書》云「在鎮二年」，即大和三年至四年韋辭任潭州刺史、御史中丞、湖南觀察使。

＊崔蠡　侍御史

《舊書》卷一一七《崔寧傳·從孫蠡附傳》：「蠡字越卿，元和五年擢第，累辟使府。寶曆中，入朝監察御史。太和初，爲侍御史，三遷戶部郎中，出爲汝州刺史。」據《舊書》卷一三三《李晟傳·子聽附傳》：「大和二年，討李同捷，……喪師過半，……御史中丞溫造、殿中侍御史崔蠡彈之曰……」，崔蠡大和二年任殿中侍御史，其任侍御史應在此後，故繫於此。

＊周太玄　侍御史

《元龜》卷五二○《憲官部·彈劾》：「周太玄爲侍御史，太和三年彈奏鄭滑節度使李聽曰：臣聞賞罰不立，無以示天下；是非一貫，莫能建大中。竊見義成軍節度使李聽……」

＊盧宏貞　侍御史

《會要》卷六○「侍御史」：「大和三年，華州刺史宇文鼎、戶部員外郎盧允中坐贓，文宗怒，將殺之，侍御史盧宏貞奏曰……」

＊姚合　侍御史　大和三年（829）～大和七年（833）

晁公武《郡齋讀書志》卷四：「寶曆中，監察、殿中御史，出金、杭二州刺史。」《全詩》卷八一四無可《冬中與諸公會宿姚端公宅，懷永樂殷侍御》：「柱史靜開筵，所思何地偏。……會當隨假務，一就白雲禪。」同卷又有無可《秋暮與諸文士集宿姚端公所居》。姚端公，即姚合。唐人呼侍御史爲端公。《郡齋讀書志》不言姚合曾任侍御史。姚合大和二年爲殿中侍御史，又據《唐刺史考全編》卷二○三，姚合大和七、八年間爲金州刺史，則其任侍御史當在大和三年至七年期間。

＊陸賓虞　侍御史　大和三年（829）～大和七年（833）

《新書》卷一九六《隱逸》：「陸龜蒙字魯望，元方七世孫也。父賓虞，

以文歷侍御史。」《北夢瑣言》卷六：「舊名族也。其父賓虞，進士甲科，浙東從事，侍御史。」陸賓虞爲陸龜蒙父。陸亙於大和三年（829）至大和七年（833）爲浙東節度使。據孟二冬《登科記考補正》，陸賓虞大和元年、或二年進士，則其入浙東幕任侍御史當在此後。

＊沈亞之　殿中侍御史

《舊書》卷一七《文宗紀上》：「（大和）三年……五月，貶……宣慰判官、殿中侍御史沈亞之虔州南康尉，以擅入滄州取李同捷，諸鎮所怒，奏論之也。」《會要》卷一四：「大和三年五月，……貶宣慰判官、殿中侍御史沈亞之爲虔州南康尉，以擅入滄州取李同捷，爲諸鎮所怒奏論故也。」

＊姚中立　監察御史

《舊書》卷一六八《高釴傳·弟鍇附傳》：「大和三年，准敕試別頭進士、明經鄭齊之等十八人，牓出之後，語辭紛競，監察御史姚中立以聞，詔鍇審定，乃升李景、士淑等，人以爲公。……開成元年……九月，出爲鄂州刺史、御史大夫、鄂岳觀察使，卒。」《新書》卷四四《選舉志上》：「大和三年，高鍇爲考功員外郎，取士有不當，監察御史姚中立又奏停考功別頭試。」

唐文宗大和四年（830）庚戌

＊王璠　御史大夫（兼）

《舊書》卷一六九本傳：「……（大和）四年七月，拜京兆尹、兼御史大夫。」《舊書》卷一七《文宗紀下》：「……大和四年，秋七月……以吏部侍郎王璠爲京兆尹、兼御史大夫，代李諒爲桂管觀察使。」

＊崔從　御史大夫（兼）

《舊書》卷一七七《崔慎由傳·父從附傳》：「父從，少孤貧。……元和……九年，裴度爲中丞，奏從爲侍御史知雜，守右司郎中。度作相，用從自代爲中丞。從氣貌孤俊，正色立朝，彈奏不避權倖。事關臺閣或付仗內者，必抗章論列，請歸有司。選辟御史，必先質重貞退者。改給事中，數月，出爲陝州大都督府長史、陝虢團練觀察使、兼御史中丞，賜紫金魚袋。……（大和）四年三月，召拜檢校左僕射，兼揚州大都督府長史、御史大夫，充淮南節度

副大使，知節度事。」

＊李德裕　御史大夫（兼）

《全文補編》卷七五《華嶽題名》：「劍南西川節度使、檢校兵部尚書、成都尹、兼御史大夫李德裕，判官殿中侍御史內供奉崔知白，……觀察支使兼監察御史張嗣慶，江西都團練判官監察御史裏行李商卿，大和四年十一月一日。」

＊元稹　御史大夫（兼）

《舊書》卷一六六本傳：「長慶二年，（元稹）拜平章事。……大和初，就加檢校禮部尚書。……四年正月，檢校戶部尚書、兼鄂州刺史、御史大夫武昌軍節度使。五年七月二十二日暴疾，一日而卒於鎮，時年五十三。」

＊段伯倫　御史大夫（兼）

《舊書》卷一二八《段秀實傳・子伯倫附傳》：「大和四年十一月，遷右金吾衛大將軍、兼御史大夫，充街使。」

＊李虞仲　御史大夫（兼）

《舊書》卷一六三本傳：「李虞仲，字見之，趙郡人，……父端，登進士第，工詩。大曆中，與韓翃、錢起、盧綸等文詠唱和，馳名都下，號『大曆十才子』。……大和四年，出為華州刺史、兼御史大夫。」

＊宇文鼎　御史中丞

《舊書》卷一七《文宗下》：「（大和）四年……冬十月，……丁卯，御史中丞宇文鼎奏：今月十三日，宰臣宣旨，今後群臣延英奏事，前一日進狀入來者。臣以尋常公事，不暇面論，但見表章，足以陳露。倘臨時忽有公務，文字不足盡言，則咫尺天聽，無路聞達。……」

＊高重　御史中丞（兼）

《舊書》卷一七《文宗下》：「（大和）四年……十二月，……以同州刺史高重為潭州刺史、兼御史中丞、充湖南觀察使。」

＊裴潾　御史中丞（兼）

《舊書》卷一七一本傳：「大和四年，出為汝州刺史、兼御史中丞，賜紫。」

＊李從易　御史中丞（兼）

《元龜》卷六六二：「李從易爲宗正少卿，文宗大和四年，兼御史中丞，賜紫金魚袋，充入吐蕃答賀正使。」

＊韋辭　御史中丞（兼）

《元龜》卷五〇四：「文宗太和四年七月，湖南觀察使韋詞奏前使王公亮……」見大和三年「韋辭」考證。

＊王衮　侍御史知雜事　侍御史　大和四年（830）～六年（832）

《墓誌彙編》大和〇五四《唐故朝散大夫守尚書吏部郎中兼侍御史知雜事上柱國臨沂縣開國男食邑三百戶琅琊王府君墓誌銘並序》（承議郎守尚書庫部郎中知制誥充翰林學士上柱國賜緋魚袋李珏撰）：「惟大和六年夏六月……，吏部郎中兼侍御史知雜事王公年五十二年卒。既越月，御史中丞兼刑部侍郎宇文周重緝王公平生所行事……。公諱衮，字景山，本名高，……元和初，以拔萃登科，授祕書省正字，調補伊闕主簿。……今寶司空之分陝也，薦授監察裏行、充判官。崔淮南繼寶爲陝，又從而辟署。俄以本官歸御史府。滿歲，轉殿中。……宇文公掌南臺，奏知雜事，改左司郎中兼侍御史。……滿歲，轉吏部郎中，仍舊職。」《舊書》卷一七《文宗上》：「（大和）三年十二月……吏部郎中宇文鼎爲中丞」，其薦王衮任侍御史知雜應在大和四年。

＊崔知白　殿中侍御史內供奉

《全文補編》卷七五《華嶽題名》：「劍南西川節度使、檢校兵部尚書、成都尹、兼御史大夫李德裕，判官殿中侍御史內供奉崔知白，……觀察支使兼監察御史張嗣慶，江西都團練判官監察御史裏行李商卿，大和四年十一月一日。」

＊柳仲郢　監察御史

《舊書》卷一六五《柳仲郢傳》：「元和十三年進士擢第，釋褐祕書省校書郎。牛僧孺鎮江夏，辟爲從事。仲郢有父風，動修禮法，僧孺歎曰：『非積習名教，安能及此！』入爲監察御史。」戴偉華《唐方鎮文職僚佐考》考柳仲郢寶曆元年至大和四年在牛僧孺幕，其任監察御史當在此末。

*張嗣慶　監察御史

《全文補編》卷七五《華嶽題名》：「劍南西川節度使檢校兵部尚書成都尹兼御史大夫李德裕，判官殿中侍御史內供奉崔知白，……觀察支使兼監察御史張嗣慶，江西都團練判官監察御史裏行李商卿，大和四年十一月一日。」

*李商卿　監察御史裏行

《全文補編》卷七五《華嶽題名》：「劍南西川節度使、檢校兵部尚書、成都尹、兼御史大夫李德裕，判官殿中侍御史內供奉崔知白，……觀察支使兼監察御史張嗣慶，江西都團練判官監察御史裏行李商卿，大和四年十一月一日。」

*寇章　監察御史裏行　大和四年（830）～大和七年（833）

《隋唐五代墓誌彙編》洛陽卷第十三冊《寇章妻鄭氏墓誌》（前湖南觀察推官監察御史裏行寇章撰）：「唐大和七年閏七月七日，前監察御史裏行寇章妻榮陽鄭氏夫人歿於潭州。」《墓誌彙編》大中○三一《唐故朝散大夫守陝州大都督府左司馬上柱國上谷寇公墓誌銘並序》：「以大理司直、監察、殿中二御史從馮翊長沙計司兩侯三府事。大和末，退居舊里。」高重大和四年（830）至大和七年（833）任湖南觀察使。寇章在高重幕先後任大理司直、監察御史裏行、殿中侍御史。

唐文宗大和五年（831）　辛亥

*元稹　御史大夫（兼）

《舊書》卷一六六本傳：「長慶二年，（元稹）拜平章事。……大和初，就加檢校禮部尚書。……四年正月，檢校戶部尚書、兼鄂州刺史、御史大夫、武昌軍節度使。五年七月二十二日暴疾，一日而卒於鎮，時年五十三。」元稹大和四年兼御史大夫、武昌軍節度使。至大和五年卒一直在御史大夫任。

*郭行余　御史中丞

《舊書》卷一六九本傳：「（大和）五年，移刺汝州，兼御史中丞。」

*宇文鼎　御史中丞

《舊書》卷一七《文宗下》，宇文鼎於大和三年至六年任御史中丞，則本

年應在御史中丞任。參大和四年、六年「宇文鼎」條。

＊源寂　御史中丞（兼）

《舊書》卷一九九《東夷傳・新羅傳》：「大和五年，……命太子左論德、兼御史中丞源寂持節弔祭冊立。」《會要》卷九五「新羅」：「太和……五年四月，詔以新羅王金景徽爲開府儀同三司，檢校太尉，使持節大都督，雞林州諸軍事，兼充寧海軍使。……兼御史中丞源寂。持節弔祭冊立焉。」

＊李翱　御史中丞（兼）

《舊書・文宗紀》：大和五年十二月，「以鄭州刺史李翱爲桂管觀察使。」《舊書》卷一六〇本傳：「李翱字習之，幼勤於儒學，爲文尚氣質。貞元十四年登進士第。初，諫議大夫栢耆將使滄州軍前宣諭，翱嘗贊成此行。栢耆尋以擅入滄州得罪，翱坐謬舉，左授少府少監。俄出爲鄭州刺史。五年，出爲桂州刺史、御史中丞，充桂管都防禦使。」

＊韋溫　侍御史

《舊書》卷一六八本傳：「入爲監察御史，以父在田裏，憲府禮拘，難於省謁，不拜。……大和五年，……群臣上尊號，溫上疏曰……帝深嘉之，乃止，改侍御史。」

＊柳仲郢　侍御史

《舊書》卷一六五《柳仲郢傳》：「五年，遷侍御史。富平縣人李秀才，籍在禁軍，誣鄉人斫父墓柏，射殺之。法司以專殺論。文宗以中官所庇，決杖配流。……仲郢執奏曰：『聖王作憲，殺人有必死之令；聖明在上，當官無壞法之臣。今秀才犯殺人之科，愚臣備監決之任，此賊不死，是亂典章。臣雖至微，豈敢曠職？其秀才未敢行決，望別降敕處分。』乃詔御史蕭傑監之。傑又執奏。帝遂詔京兆府行決，不用監之。然朝廷嘉其守法。」此是文宗朝事件，言「五年，遷侍御史」當爲大和五年。

＊寇章　殿中侍御史　大和五年（831）～大和七年（833）

《墓誌彙編》大中〇三一《唐故朝散大夫、守陝州大都督府左司馬、上柱國、上谷寇公墓誌銘並序》：「以大理司直、監察、殿中二御史從馮翊長沙計司兩侯三府事。大和末，退居舊里。」參寇章「監察御史」條。

＊蕭傑　御史

《舊書》卷一六五《柳仲郢傳》：「（大和）五年，（柳仲郢）遷侍御史。富平縣人李秀才，籍在禁軍，誣鄉人斫父墓柏，射殺之。法司以專殺論。文宗以中官所庇，決杖配流。……仲郢執奏曰……御史蕭傑監之，傑又執奏。」《舊書》卷一七二《蕭俛傳·弟傑附傳》：「累官侍御史，遷主客員外郎。」

唐文宗大和六年（832）壬子

＊杜悰　御史大夫（兼）

《舊書》卷一七《文宗紀下》：「（大和）六年六月……丙寅，京兆尹杜悰兼御史大夫。」

＊崔管　御史大夫

《舊書》卷一七七《崔珙傳·兄管附傳》：「崔珙博陵安平人。……父頲，貞元初進士登第。……頲有子八人，皆至達官，時人比漢之荀氏，號曰『八龍』。長曰管，貞元十八年進士擢第，……（大和）六年十二月，出爲江陵尹、御史大夫、荆南節度使。」

＊王晏平　御史大夫（兼）

《舊書》卷一七《文宗紀下》：「（大和）六年五月……丁巳，以鹽州刺史王晏平檢校左散騎常侍、御史大夫，充靈鹽節度使。」

＊唐宏實　御史大夫（兼）

《舊書》卷一九五《迴紇傳》：「以左驍衛將軍、皇城留守唐弘實爲金吾將軍兼御史大夫，持節充入回鶻弔祭冊立使。」又見《會要》卷九八「回鶻」：「太和六年，……胡特勒立，遣使告喪，……命左驍衛將軍兼御史大夫唐宏實持節弔祭冊立之。」《全文》卷七五《冊九姓迴鶻愛登裏羅汨沒密施合句祿毗伽彰信可汗文》：「……維太和七年，歲次癸丑，……今遣使寧遠將軍右金吾衛將軍兼御史大夫上柱國賜紫金魚袋唐宏實、副使中大夫將作少監兼御史中丞賜紫金魚袋嗣澤王容等，持節備禮，冊爲九姓回鶻愛登裏羅汨沒密施合句祿毗伽彰信可汗。」

容　　御史中丞（兼）

《全文》卷七五《冊九姓回鶻愛登裏羅汩沒密施合句祿毗伽彰信可汗文》：「……維太和七年，歲次癸丑，……今遣使寧遠將軍右金吾衛將軍兼御史大夫上柱國賜紫金魚袋唐宏實、副使中大夫將作少監兼御史中丞賜紫金魚袋嗣澤王容等，持節備禮，冊爲九姓回鶻愛登裏羅汩沒密施合句祿毗伽彰信可汗。」容中丞，名不詳。

＊沈傳師　御史大夫（兼）　大和五年（831）～大和六年（832）

《全詩》卷五四九趙嘏《宛陵寓居上沈大夫》：「滿耳歌謠滿眼山，宛陵城郭翠微間。人情已覺春長在，溪戶仍將水共閒……」宛陵爲宣城之古地名，沈大夫，即沈傳師，時爲宣歙觀察使，兼御史大夫。參繆鉞《杜牧年譜》。

＊溫造　御史大夫

《新書》卷一六四《殷侑傳》：「大和六年，……御史大夫溫造劾侑違制，擅賦斂民爲無名之獻，詔以庾承宣代還。」

＊殷侑　御史大夫（兼）

《舊書》卷一六五本傳：「殷侑，陳郡人。……大和……六年，入爲刑部尚書，尋復檢校吏部尚書、鄆州刺史、兼御史大夫，充天平軍節度、鄆曹濮觀察等使。」

＊李漢　御史中丞

《舊書》卷一七《文宗紀下》：「（大和）六年八月……以駕部郎中、知制誥李漢爲御史中丞。……甲戌，御史中丞李漢奏論僕射上事儀，不合受四品已下官拜。」《舊書》卷一七一本傳：「漢，元和七年登進士第。……（大和）八年，代宇文鼎爲御史中丞。」大和八年爲「大和六年」之誤。

＊宇文鼎　御史中丞

《舊書》卷一七《文宗紀下》：「（大和）六年五月……己未，興平縣人上官興因醉殺人而亡竄，官捕其父囚之，興歸，待罪有司。京兆尹杜忭、中丞宇文鼎以興自首免父之囚，其孝可獎，請免死。……七月，……以御史中丞、兼刑部侍郎宇文鼎爲戶部侍郎、判度支。」《墓誌彙編》大和〇五四《唐故朝散大夫守、尚書吏部郎中、兼侍御史知雜事、上柱國、臨沂縣開國男、

食邑三百戶、琅琊王府君墓誌銘並序》（承議郎、守尙書庫部郎中、知制誥、充翰林學士、上柱國、賜緋魚袋李珏撰）：「惟大和六年夏六月哉生明，吏部郎中兼侍御史知雜事王公年五十二年卒。既越月，御史中丞兼刑部侍郎宇文周重緘王公平生所行事……」《全詩》卷五三九李商隱《贈宇文中丞》：「欲構中天正急材，自緣煙水戀平臺。人間只有嵇延祖，最望山公啓事來。」

宇文中丞，即宇文鼎，字周重。

＊杜牧　監察御史

《全詩》卷五四九《代人贈杜牧侍御》（宣州會中）：「郎作東臺御史時，妾長西望斂雙眉。一從詔下人皆羨，豈料恩衰不自知……」繆鉞《杜牧年譜》考本年杜牧在宣城沈傳師幕爲監察御史，今從之。

＊王智崇　監察御史（兼）　大和六年（832）～九年（835）

《墓誌彙編》大中○二八《唐故文林郎守江州彭澤縣尉王府君夫人清河郡張氏合祔墓誌銘》：「夫人清河郡張氏，有子三人：長智崇，前武昌軍節度押衙兼監察御史；……夫人大中二年戊辰四月十二日終布政裏，享年六十七。」《杜牧集繫年校注》卷二有《送王侍御赴夏口座主幕》：「君爲珠履三千客，我是青衿七十徒。禮數全憂知隗始，討論常見念回愚。黃鶴樓前春水闊，一杯還憶故人無？」杜牧進士第，座主爲崔鄲。崔鄲大和五年（831）至九年（835）爲鄂岳觀察使，此詩作於大和六年至九年間，參吳在慶《杜牧集繫年校注》卷二。王侍御，即王智崇。詩云「君爲珠履三千客，我是青衿七十徒」，即是說王侍御爲門客，杜牧本人是門生。《唐方鎮文職僚佐考》（第 346 頁）云「王侍御爲王式，疑王與杜牧同座主。」明顯與詩歌內容不符。

＊楊乾光　監察御史裏行　大和六年（832）～九年（835）

《墓誌彙編》大中○九七《唐故朝散大夫、使持節丹州諸軍事、守丹州刺史、充本州防禦使、上柱國、弘農楊公墓誌銘並序》：「公諱乾光，字耀卿，其先弘農人也。……轉監察御史裏行、鄜坊觀察判官。連帥史公以州府繁務，委公總之，……府罷，除宋城令，不之任，旋改殿中侍御史內供奉，邠寧慶觀察判官。」《墓誌》云史公，即史孝章，大和六年至九年爲鄜坊節度使，楊乾光任監察御史裏行在此期間。

唐文宗大和七年（833） 癸丑

＊崔管　御史大夫（兼）

《舊書》卷一七七《崔珙傳·兄管附傳》：「……（大和）六年十二月，出爲江陵尹、御史大夫、荊南節度使。」崔管大和六年十二月任御史大夫，本年應在御史大夫任。

＊鄭覃　御史大夫

《舊書》卷一七《文宗紀下》：「（大和）七年六月……以工部尙書、翰林侍講學士鄭覃爲御史大夫。」《舊書》卷一七三本傳：「（長慶）四年，遷御史中丞。……（大和）七年春，李德裕作相，五月，以覃爲御史大夫，文宗嘗於延英謂宰相曰：『殷侑通經學，爲人頗似鄭覃。』」《全文》卷七二《疏理刑獄詔》：「近者徵所集，陽亢成災，䰩神不宗，未獲嘉應。……宜令尙書右僕射李逢吉、御史大夫鄭覃，於尙書省疏理刑獄，輕繫者咸從於決遣，重條者議所以矜寬，小大以情，必詳必愼。」

＊溫造　御史大夫

《會要》卷六一：「大和……七年十一月，入爲御史大夫。」

＊韋長　御史大夫（兼）

《舊書》卷一七《文宗紀下》：「（大和）七年八月，以京兆尹韋長兼御史大夫。」

＊李漢　御史中丞

《舊書》卷一七《文宗紀下》：「（大和）七年六月……以御史中丞李漢爲禮部侍郎。」

＊高鈇　御史中丞（兼）

《舊書》卷一八八本傳：「高鈇字魁之。……父去疾，攝監察御史。鈇元和初進士及第。……大和……七年，出爲同州刺史、兼御史中丞。八年六月卒。贈兵部尙書。」《墓誌彙編》大中一〇五《唐故朝議郎河南府壽安縣令賜緋魚袋渤海高府君墓誌銘並序》：「府君諱瀚，字子至，渤海蓚人也。……皇同州刺史兼御史中丞、贈兵部尙書諱鈇府君之長子。」

＊呂讓　御史中丞（兼）　大和七年（833）～開成元年（835）五月

《墓誌彙編》大中一〇七《唐故中散大夫秘書監致仕上柱國賜紫金魚袋贈左散騎常侍東平呂府君墓誌銘並序》：「先府君諱讓，字遜叔，……皇考諱渭，禮部侍郎湖南觀察使。……時彭公鎮大梁，以軍司馬留公，改檢校秘書少監兼御史中丞。未半歲，彭原公再領河中，公職如故。……大中九年十月廿四日，棄養於歸仁里之私第，享年六十三。」彭原公，即李程。《舊書》卷一六七《李程傳》：「（大和）七年（833）六月，檢校司空、邊州刺史、宣武軍節度使。九年，復爲河中晉絳節度使，就加檢校司徒。開成元年五月，復入爲右僕射。」《唐方鎮文職僚佐考》（第157頁）云李程「大和四年（830）～大和六年（832）」鎮河中，誤。據《舊書》本傳，李程任河中節度使應爲大和九年（835）至開成元年（836）五月。又《卓異記》「三拜左僕射」：「彭原公李程：按李程自河中節度使入拜左僕射。自武德至長安四年以前，兩度拜左僕射，爲正丞相。其後以南省事疏，方帶平章之號。然非耆德碩老有嘉名者莫得居之焉。程由是故相巨鎮，三年此官不支於右振古爲盛矣。」

＊李款　侍御史

《舊書》卷一七《文宗紀上》：「（大和）七年九月……侍御史李款閣內奏彈前邠州行軍司馬鄭注曰……」

＊鄭注　侍御史

《舊書》卷一七《文宗紀上》：「（大和）七年九月……侍御史李款閣內奏彈前邠州行軍司馬鄭注曰……旬日之中，諫章數十上，由是授注通王府司馬、兼侍御史，充神策軍判官，中外駭歎。」

＊周墀　殿中侍御史　大和七年～大和八年

《全文》卷七五五杜牧《唐故東川節度檢校右僕射兼御史大夫贈司徒周公墓誌銘》：「……李公宗閔以宰相鎮漢中，辟公爲殿中侍御史行軍司馬。」李宗閔大和七年～大和八年鎮漢中，周墀任殿中侍御史在此期間。

＊杜牧　監察御史裏行

《舊書》卷一四七《杜佑傳・郁從子牧附傳》：「牧字牧之，既以進士擢第，又制舉登乙第，解褐弘文館校書郎，試左武衛兵曹參軍。沈傳師廉察江西宣州，辟牧爲從事、試大理評事。又爲淮南節度推官、監察御史裏行，轉

掌書記。俄眞拜監察御史，分司東都，以弟顗病目棄官。」參傅璇琮《唐五
代文學編年史》「大和七年」。

唐文宗大和八年（834） 甲寅

＊鄭覃　御史大夫　十月前
《舊書》卷一七《文宗紀下》：「（大和）八年十月，……以御史大夫鄭覃
爲戶部尚書。」

＊陸亙　御史大夫（加銜）
《舊書》卷一六二本傳：「歷刺兗、蔡、虢、蘇四郡，遷越州刺史、浙東
團練觀察等使，移宣歙觀察使，加御史大夫。」陸亙於大和三年（829）至大
和七年（833）爲浙東節度使。

＊賈餗　御史大夫（兼）　十一月後
《舊書》卷一六九本傳：「（大和）八年十一月，遷京兆尹、兼御史大夫。」

＊溫造　御史大夫（兼）
《舊書》卷一七《文宗紀下》：「（大和）八年十一月，……以前河陽節度
使溫造爲御史大夫。」

＊鄭注　御史大夫（兼）　十二月
《舊書》卷一六九本傳：「累從山東、京西諸軍，歷衛佐、評事、御史，
又檢校庫部郎中，爲昭義節度副使。……大和七年，罷邠寧行軍司馬，入京
師，御史李款閣內彈之日……大和八年九月，注進藥方一卷，……其年十二
月，拜太僕卿、兼御史大夫。」

＊王元逵　御史大夫（兼）　大和八年（834）～開成二年（837）
《墓誌彙編》大中〇九六《唐故成德軍節度、鎭冀、深、趙、等州觀察
處置等使、光祿大夫、檢校司徒、兼太傅同中書門下平章事、兼鎭州大都督
府長史、駙馬都尉、上柱國、太原郡開國公、食邑兩千戶、食實封兩百戶贈
太師王公墓誌銘並序》（故吏節度掌書記、承議郎、監察御史裏行、賞紫金
魚袋黃建撰，故吏節度推官、文林郎、試大理評事、兼監察御史、賞緋銀魚

袋睢察書並篆）：「維大中八年……十二月……太原王公薨於位。……公諱元達，字茂遠。……起復定遠將軍，守左金吾衛大將軍，員外置同正員，檢校工部尚書兼鎮州大都督府長史，御史大夫，充成德軍節度，鎮冀、深、趙等州觀察處置等使。開成初，詔加右僕射。……以大中八年十二月四日棄邦國萬人而薨背，十年卌有三。……有子三人：伯曰紹鼎，起復成德軍節度、鎮冀、深、趙等州觀察處置等使，雲麾將軍、守左金吾衛大將軍員外置同正員，檢校兵部尚書兼鎮州大都督府長史、御史大夫；……季曰紹懿，御史中丞、深州刺史。……大中九年八月十四日庚寅，定封於鎮府壽陽崗。」文宗大和八年（834），王庭湊病逝，軍中擁立元達爲成德節度使，兼御史大夫；文宗開成二年（837年），元達入朝奉侍。

＊王質　御史中丞（兼）

《舊書》卷一六三本傳：「王質字華卿，太原祈人。……（大和）八年，爲宣州刺史、兼御史中丞、宣歙團練觀察使。」

＊杜牧　監察御史裏行

《舊書》卷一四七《杜佑傳·郁從子牧附傳》：「牧字牧之，既以進士擢第，又制舉登乙第，……沈傳師廉察江西宣州，辟牧爲從事、試大理評事。又爲淮南節度推官、監察御史裏行，轉掌書記。俄眞拜監察御史，分司東都。」

＊韓昶　監察御史　大和八年（834）～九年（835）

《墓誌彙編》大中一○二《唐故朝議郎、檢校尚書戶部郎中、兼襄州別駕、上柱國韓昶自爲墓誌銘並序》：「昌黎韓昶，字存之。傳在國史。生徐之符離，小名曰符。幼而就學，性寡言笑，不爲兒戲，不能暗記書。至年長，不能通誦得三五百字，爲同學所笑。至六七歲，未解把筆書字，即是性好文字，出言成文，不同他人所爲。張籍奇之，爲授詩，時年十餘歲。日通一卷，籍大奇之。試授詩，童皆不及之。能以所聞，曲問其義，籍往往不能答。受詩未通兩三卷，便自爲詩。及年十一二，樊宗師大奇之。宗師文學爲人之師，文體與常人不同，昶讀慕之。一旦爲文，宗師大奇。其文中字或出於經史之外，樊讀不能通。稍長，愛進士及第，見進士所爲之文與樊不同，遂改體就之，欲中其彙。年至二十五，及第釋褐，……相國竇易直辟爲襄州從事，校書如前。旋除高陵尉集賢校理，又遷度支監察，拜左拾遺。……相國牛公僧孺鎮

襄陽，以殿中加支使，旋拜秘書省著作郎。」竇易直大和二年（828）至四年（830）鎮襄陽，牛僧孺開成四年（839）鎮襄陽，韓昶任監察御史約在大和八年（834）至九年（835）之間。

唐文宗大和九年（835） 乙卯

✽溫造　御史大夫

《舊書》卷一七《文宗紀下》：「（大和）九年五月……戊午，以御史大夫溫造爲禮部尚書。」《舊書》卷一六五《殷侑傳》：「大和……九年，御史大夫溫造劾侑不由制旨，增監軍俸入，賦斂於人。上不問，以庾承宣代還。」

✽王彥威　御史大夫（兼）

《舊書》卷一七《文宗紀下》：「（大和）九年……二月，……甲申，以司農卿王彥威兼御史大夫，充平盧軍節度使。」《舊書》卷一五七本傳：「京兆尹杜悰、御史中丞宇文鼎以其首罪免父，有光孝義，請減死配流。……李宗閔重之，既秉政，授青州刺史、兼御史大夫，充平盧軍節度、淄青等觀察使。」

✽李固言　御史大夫

《舊書》卷一七《文宗紀下》：「（大和）九年五月……戊午，以御史大夫溫造爲禮部尚書，以吏部侍郎李固言爲御史大夫。……秋七月辛亥，詔以御史大夫李固言爲門下侍郎、同平章事。」《舊書》卷一七三本傳：「李固言，趙郡人，……元和七年登進士甲科，大和初，累官至駕部郎中。……九年五月，遷御史大夫。」《新書》卷六三《宰相表下》：「大和九年七月辛亥，御史大夫李固言守門下侍郎、同中書門下平章事。」《全文》卷六九《授李固言門下侍郎同平章事制》：「……御史大夫李固言，……介然無朋，中立不懼。文經邦俗，……可門下侍郎平章事。」《會要》卷六〇「御史臺卜」：「大和元年六月。御史大夫李固言奏，監太倉殿中侍御史一人。監左藏庫殿中侍御史一人……」大和元年當爲「大和九年」之誤。

✽鄭澣　御史大夫（兼）

《舊書》卷一五八《鄭餘慶傳・子澣附傳》：「出爲山南西道節度觀察使，

檢校戶部尙書、興元尹、兼御史大夫。」吳鋼《隋唐五代墓誌彙編（陝西卷）》
（天津古籍出版社 1991 年版）第二冊第 62 頁收《唐知東都內侍省事姚存古
墓誌》（大和九年，835）爲正議大夫守河南尹兼御史大夫上柱國陽武縣開國
男賜紫金魚袋鄭瀚撰。

＊舒元輿　御史中丞　七月後

《舊書》卷一六九《舒元輿傳》：「舒元輿者，江州人。元和八年登進士
第，釋褐諸府從事。大和初，入朝爲監察，轉侍御史。大和九年……九月，
拜御史中丞，兼判刑部侍郎。」《舊書》卷一七上《文宗紀下》：「大和……
九年……秋七月癸丑，以右司郎中、兼侍御史、知雜事舒元輿爲御史中
丞。……丙辰，以權知御史中丞舒元輿爲御史中丞，兼判刑部侍郎。……九
月己巳，詔以朝議郎、守御史中丞、兼刑部侍郎、賜紫金魚袋舒元輿本官同
中書門下平章事。」《新書》卷六三《宰相表下》：「大和九年七月己巳，御
史中丞舒元輿爲刑部侍郎，兵部侍郎、翰林學士李訓爲禮部侍郎，並同中書
門下平章事。」《全文》卷六九《授舒元輿李訓守尙書同平章事制》：「……
朝議郎守御史中丞兼刑部侍郎上柱國賜紫金魚袋舒元輿，……可守尙書刑部
侍郎同中書門下平章事。」

＊錢可復　御史中丞（兼）

《舊書》卷一六八《錢徽傳・子可復附傳》：「大和九年，鄭注出鎭鳳翔，
李訓選名家子以爲賓佐，授可複檢校兵部郎中、兼御史中丞。」

＊高鍇　御史中丞

《舊書》卷一六八《高釴傳・弟鍇附傳》：「高鍇，元和六年登進士第。
穆宗即位，入朝爲監察御史，累遷員外郎、吏部郎中。大和八年，文宗用國
子助教李仲言爲侍講，……明年，訓、注竊權，惡鍇不附己，五月，出爲越
州刺史、御史中丞、浙東觀察使。」

霍按「明年」爲大和九年。

＊李翊　御史中丞

《舊書》卷一七《文宗紀下》：「大和……九年……十一月，……以給事
中李翊爲御史中丞，左右軍中尉仇士良、魚志弘併兼上將軍。」

＊李孝本　御史中丞　（九月後）

《舊書》卷一七《文宗紀下》：「（大和）九年……九月，……以刑部郎中、兼侍御史知雜李孝本權知御史中丞。」《舊書》卷一七六《魏謩傳》：「御史中丞李孝本，皇族也，坐李訓誅，有女沒入掖廷。」《舊書》卷一八四《宦官傳》：「訓欲盡誅宦官，乃與金吾將軍韓約、新除太原節度使王璠、新除邠寧節度使郭行余、權御史中丞李孝本、權京兆尹羅立言謀。」

＊唐持　御史中丞（兼）

《舊書》卷一九○《文苑傳下》：「入朝爲侍御史、尙書郎。……大中末，自工部郎中出爲容州刺史、御史中丞、容管經略招討使。」據《舊書》卷一九○注四，「大中末」當爲「大和末」之誤。

＊李孝本　侍御史知雜（九月前）

《舊書》卷一七《文宗紀下》：「（大和）九年……九月，……以刑部郎中、兼侍御史知雜李孝本權知御史中丞。」

＊李甘　侍御史

《舊書》卷一七《文宗紀下》：「（大和）九年……秋七月，……貶侍御史李甘爲封州司馬，殿中侍御史蘇特爲潘州司戶。」《舊書》卷一七一本傳：「李甘字鼎和，長慶末進士擢第，又制策登科。大和中，累官至侍御史。」又見《新書》卷一一八《李甘傳》。

＊盧簡辭　侍御史

《舊書》卷一六三本傳：「盧簡辭字子策，范陽人。……文宗好文，尤重綸詩，嘗問侍臣曰：『《盧綸集》幾卷？有子弟否？』李德裕對曰：『綸有四男，皆登進士第，今員外郎簡能、侍御史簡辭是也。』……簡辭，元和六年登第，……長慶末，入朝爲監察，轉侍御史。」李德裕云「員外郎簡能、侍御史簡辭」，可見簡能、簡辭任職同時。又《舊書》卷一六三《盧簡能傳》：「簡能字子拙，登第後再辟藩府，入爲監察御史。大和九年，由駕部員外郎檢校司空郎中。」知本年盧簡辭任侍御史。

＊寇章　侍御史（兼）　約大和九年（835）～開成三年（838）

《墓誌彙編》大中○三一《唐故朝散大夫守陝州大都督府左司馬上柱國

上谷寇公墓誌銘並序》：「大和末，退居舊里，復以侍御史佐義武軍行臺於博陵。」《唐方鎮文職僚佐考》（第 174 頁）考張璠大和三年（829）至開成三年（838）爲義武軍節度，寇章約大和九年（835）至開成三年（838）在其幕府任侍御史。

＊舒元輿　侍御史知雜事（兼）　七月前

《舊書》卷一七上《文宗紀下》：「大和……九年……秋七月癸丑，以右司郎中、兼侍御史、知雜事舒元輿爲御史中丞。……丙辰，以權知御史中丞舒元輿爲御史中丞，兼判刑部侍郎。」本年七月前，舒元輿任右司郎中、兼侍御史知雜事。

＊蘇特　殿中侍御史

《舊書》卷一七《文宗紀下》：「（大和）九年……秋七月，……貶侍御史李甘爲封州司馬，殿中侍御史蘇特爲潘州司戶。」《新書》卷一七九《賈餗傳》：「大和九年上巳，詔百官會曲江。故事，尹自門步入，揖御史。餗自矜大，不徹扇蓋，騎而入。御史楊儉、蘇特固爭，餗曰：『黃面兒敢爾。』儉曰：『公爲御史，能嘿嘿耶？』大夫溫造以聞。坐奪俸，不勝恚，求出爲浙西觀察使。」

＊楊儉　御史

《新書》卷一七九《賈餗傳》：「大和九年上巳，詔百官會曲江。故事，尹自門步入，揖御史。餗自矜大，不徹扇蓋，騎而入。御史楊儉、蘇特固爭，餗曰：『黃面兒敢爾。』儉曰：『公爲御史，能嘿嘿耶？』大夫溫造以聞。坐奪俸，不勝恚，求出爲浙西觀察使。」楊儉、蘇特似均爲殿中侍御史。

＊張次宗　監察御史

《舊書》卷一七三《鄭覃傳》：「大和……九年……十月，時太學勒石經，覃奏起居郎周墀、水部員外郎崔球、監察御史張次宗、禮部員外郎溫業等校定《九經》文字，旋令上石。」

＊盧簡求　監察御史

《舊書》卷一六三《盧簡辭傳·弟簡求附傳》：「簡求字子臧，長慶元年登進士第。裴度鎮襄陽，保釐洛都，皆辟爲賓佐，奏殿中侍御史。入朝，拜

監察。裴度鎭太原，復奏爲記室。入爲殿中，賜緋。會昌末，討劉稹……」
裴度於大和四年～大和八年鎭襄陽，首次奏殿中侍御史，並未實授。其「入
朝，拜監察」應在大和八年後，故繫於此。

＊李福　監察御史

《舊書》卷一七二本傳：「石弟福，字能之，大和七年登進士第，累辟使
府。石爲宰相，自薦弟於延英，言福才堪理人，授監察御史。」《新書》卷一
三一《李石傳》：「李石弟福，字能之。大和中，第進士。楊嗣復領劍南，辟
幕府。崔鄲輔政，兼集賢殿大學士，引爲校理。調藍田尉。後石當國，薦福
可任治人，繇監察御史至戶部郎中，累歷州刺史，進諫議大夫。大中時，党
項羌震擾，……乃授福夏綏銀節度使，宣宗臨軒諭遣。福以善政聞。」嚴耕
望《唐僕尙丞郎表》卷四考李石大和九年十一月以戶部侍郎同平章事，其薦
弟李福於延英應在本年或開成元年。

＊杜牧　監察御史

《新書·杜牧傳》：「擢監察御史，移疾，分司東都。」《樊川文集》卷九
《平盧軍節度巡官隴西李府君墓誌銘》自敘：「大和九年，爲監察御史，分司
東都。」繆鉞《杜牧年譜》據杜牧《李甘詩》考證「大和九年，杜牧尙在長
安爲監察御史。」

唐文宗開成元年（836）丙辰

開成元年正月辛丑朔，帝常服宣政殿受賀，遂宣詔大赦天下，改元開成。
《舊書》卷一七下《文宗紀下》。

＊高鍇　御史大夫

《舊書》卷一六八《高鈇傳·弟鍇附傳》：「大和三年，准敕試別頭進士、
明經鄭齊之等十八人，牓出之後，語辭紛競，監察御史姚中立以聞，詔鍇審
定，乃升李景、王淑等，人以爲公。……開成元年……九月，出爲鄂州刺史、
御史大夫、鄂岳觀察使，卒。」

＊薛元賞　御史大夫（兼）

《舊書》卷一七《文宗紀下》：「開成元年……十二月丙申朔，以京兆尹、

兼御史大夫薛元賞爲武寧節度、徐泗宿濠觀察等使。」

＊鄭肅　御史大夫（兼）

《舊書》卷一七六本傳：「開成初，出爲陝虢都防禦觀察使、兼御史大夫。」

＊盧鈞　御史大夫（兼）

《舊書》卷一七七本傳：「開成元年，……其年冬，代李從易爲廣州刺史、御史大夫、嶺南節度使。」

＊歸融　御史中丞　五月～十二月

《舊書》卷一七《文宗紀下》：「開成元年……五月，……癸卯，以翰林學士歸融爲御史中丞。……秋七月……湖南觀察使盧周仁進羨餘錢一十萬貫，御史中丞歸融彈其違制進奉，詔以周仁所進錢於河陰院收貯。……十二月丙申朔，……以戶部侍郎、兼御史中丞歸融爲京兆尹，以給事中狄兼謨爲御史中丞。」.《新書》卷一六四《歸崇敬傳》：「歸融字章之，元和中，及進士第，累遷左拾遺。事文宗爲翰林學士，進至戶部侍郎。開成初，拜御史中丞。」

＊郭承嘏　御史中丞（兼）

《舊書》卷一六五本傳：「歷渭南尉，入朝爲監察御史，遷起居舍人。……丁內艱，以孝聞，終喪爲侍御史，職方、兵部二員外，兵部郎中。……開成元年，出爲華州刺史、兼御史中丞。」

＊狄兼謨　御史中丞　十二月

《舊書》卷一七《文宗紀下》：「開成元年……十二月丙申朔，……以戶部侍郎、兼御史中丞歸融爲京兆尹，以給事中狄兼謨爲御史中丞。」《新書》卷一一五《狄兼謨傳》：「狄兼謨字汝諧，及進士第。辟襄陽使府，剛正有祖風。令狐楚執政，薦授左拾遺，……改蘇州，以治最，擢給事中。……遷御史中丞。帝曰：『御史臺朝廷綱紀，一臺正，則朝廷治，朝廷正，則天下治。畏忌顧望，則職業廢矣。』」

＊馬植　御史中丞

《舊書》卷一七六本傳：「開成初，遷安南都護、御史中丞、安南招討使。」

＊李珝　御史中丞

《會要》卷六○「御史臺」：「開成元年五月，上御紫宸殿，宰相李固言奏曰：『御史中丞李珝在臺，雖無甚過，以爲人疏易，不稱此官。此官乃天下紀綱，有司繩準，苟用人非當，則紊亂典章。』上曰：『李珝官業，應不甚舉，然爲人豈不長厚耶？』固言對曰：『臣所奏緣與御史中丞不相宜，人即長厚，難任彈奏，且憲司事亦至難，官要得宜者。』」

＊唐扶　御史中丞（兼）

《舊書》卷一九○《文苑傳下・唐扶傳》：「入朝爲監察御史，出爲刺史。……開成初，正拜舍人，逾月，授福州刺史、御史中丞、福建團練觀察使。」

＊崔黯　監察御史

《舊書》卷一一七《崔寧傳・從孫黯附傳》：「黯字直卿，大和二年，進士擢第。開成初，爲青州從事。入爲監察御史。」《新書》卷一四四《崔寧傳》：「崔寧季弟密，密子繪，俱以文辭稱，繪匹子：蠡、黯、碓、顏，皆擢進士第。……黯字直卿，開成初爲監察御史。」

＊孫景商　監察御史　開成元年（836）～二年（837）

《墓誌彙編》大中一二○《唐故天平軍節度、鄆、曹、濮觀察處置等使、朝請大夫檢校禮部尙書、使持節鄆州諸軍事、兼鄆州刺史、御史大夫、上柱國、賜紫金魚袋、贈兵部尙書孫府君墓誌銘並序》：「公諱景商，字安詩，樂安人也。……大和二年，清河崔公郾下擢進士甲科，赴諸侯之辟於蜀西川、於荊、於越，凡所從悉當時明公，……御史丞得其名奏爲監察，歷殿中侍御史，益有名，入尙書省爲度支員外郎。……年六十四，以大中十年八月廿二日薨於鎮。」《唐方鎮文職僚佐考》考孫景商大和七年（833）至九年（835）在浙東節度使幕府任職，其任監察御史約在開成元年（836）至二年（837）。

唐文宗開成二年（837）丁巳

＊李從簡　御史中丞（兼）　大和九年～開成二年

《元龜》卷九八○：大和九年「十一月，以宗正少卿李從簡守本官兼御史中丞，持節充入吐蕃使，仍賜紫金魚袋。」《會要》卷九七「吐蕃」：「開

成……二年。遣使論監通來朝。先是。遣宗正少卿兼御史中丞李從簡入蕃。」
據《舊書》卷一七七《盧鈞傳》：「開成元年，……其年冬，代李從易爲廣州
刺史、御史大夫、嶺南節度使。」知開成元年，李從易爲廣州刺史；開成元
年，李從簡兼御史中丞，持節充入吐蕃使。可見從易、從簡並非一人。胡可
先《唐九卿考》卷五「宗正寺」考李從易、李從簡實爲一人（第 288 頁），
誤。

＊狄兼謨　御史中丞

《舊書》卷一七《文宗紀下》：「（開成）二年六月，……以御史中丞狄兼
謨爲刑部侍郎。」《舊書》卷八九《狄仁傑傳·附族曾孫兼謨傳》：「兼謨，登
進士第。……開成初，度支左藏庫妄破漬污縑帛等贓罪，文宗以事在赦前不
理。兼謨封還敕書，……遷御史中丞。」

崔鄲　御史中丞（兼）

《舊書》卷一五五《崔邠傳·弟鄲附傳》：「鄲登進士第，累遷監察御史，
三遷考功郎中。……開成二年，出爲宣州刺史、兼御史中丞、宣歙觀察使。」
見《題名考》「碑額題名」崔鄲條。

＊盧鍇　□□侍御史內供奉　開成二年（837）～四年（839）

《墓誌彙編》大中一〇六《□□大夫行太子左庶子、分司東都、上柱國、
范陽盧君墓誌銘》：「□□□□□□范陽盧郡人也。……皇朝尚書刑部員外郎
諱莊道，……祖諱炅，宣州宣城縣令。……以通□□□□□□□□□□□□
□□□□□□□□□□□□□□□□其人。先是他邑有殺人亡命者，□
□□□□□□□□□因拘累□□□□自□□□□□□□有日矣。府尹
以公清白□事命往□□公悉□□□公求證驗，……由是遷□□□□大□□公
□□制□□□□□□改監察御史裏行府□知揚州鹽鐵院事，轉殿中侍御史
□□京兆府功曹掾。……故相國崔公諱鄲，以□□□□辟爲觀察判官□□侍
御史內供奉□□□□累□□府。……以大中九年七月十五日歸全於□□□□
里之私第。」

霍按：該墓誌文多漫滅不可識，然墓主御史經歷仍粗略可考。《新書·宰
相世系表三》：「盧莊道，刑部員外郎；盧炅，大理評事；炅生計，揚州兵曹
參軍；計生銳、銅、鈞、鍇。」鍇，左庶子，與《墓誌》所載相合。《舊書》

卷一五五《崔郃傳・弟鄲附傳》：「鄲……開成二年，出爲宣州刺史、兼御史中丞、宣歙觀察使。」盧鍇在崔鄲幕府當在此期。《墓誌》云「辟爲觀察判官□□侍御史內供奉」，未能確知侍御史內供奉、或殿中侍御史內供奉。

✳崔鞏　殿中侍御史（兼）　開成二年（837）～四年（839）

《墓誌彙編》大中〇九〇《□□□□□使持節曹州諸軍事、守曹州刺史、賜紫金魚袋清河崔府君墓誌銘並序》：「府君諱鞏，字遐舉，清河東武城人。……相國杜公嘗領邦計，欲大革前弊，精擇高名之士以主屬院，奏君試秘書郎兼殿中侍御史知西川院事。既至，以公勤致權課，以潔白束奸吏，三川比較，□續特殊。當時西川節度使故相國李公，風望峭峻，……重君清直，敬持加等。」《唐僕尚丞郎表》卷三（第 179～180 頁）考杜悰開成二年（837）至四年（839）以工部尚書判度支。《唐方鎮文職僚佐考》考李固言開成二年（837）至會昌元年（841）任西川節度使，皆與《墓誌》所云崔鞏經歷合。

✳盧鍇　殿中侍御史　開成二年（837）前

《墓誌彙編》大中一〇六《□□大夫行太子左庶子分司東都上柱國范陽盧君墓誌銘》：「□□□□□□范陽盧郡人也。……皇朝尙書刑部員外郎諱莊道，……祖諱炅，宣州宣城縣令。……由是遷□□□□大□□公□□制□□□□□□□改監察御史裏行府□知揚州鹽鐵院事，轉殿中侍御史□□京兆府功曹掾。……以大中九年七月十五日歸全於□□□□里之私第。」盧鍇開成二年在崔鄲幕，其任殿中侍御史應在此前。

✳盧鍇　監察御史裏行　開成二年（837）前

《墓誌彙編》大中一〇六《□□大夫行太子左庶子分司東都上柱國范陽盧君墓誌銘》：「□□□□□□范陽盧郡人也。……皇朝尙書刑部員外郎諱莊道，……祖諱炅，宣州宣城縣令。……由是遷□□□□大□□公□□制□□□□□□□改監察御史裏行府□知揚州鹽鐵院事，轉殿中侍御史□□京兆府功曹掾。……以大中九年七月十五日歸全於□□□□里之私第。」盧鍇開成二年在崔鄲幕，其任監察御史裏行應在任殿中待御史前。

唐文宗開成三年（838） 戊午

＊歸融　御史大夫

《舊書》卷一四九《歸崇敬傳・登子融附傳》：「（歸崇敬子登，登子融）九年，轉戶部侍郎，開成元年，兼御史中丞。……三年檢校禮部尚書、興元尹、兼御史大夫，充山南西道節度使。」

＊狄兼謨　御史中丞

《舊書》卷一七三《莊恪太子永傳》：「開成三年，上以皇太子宴遊敗度，不可教導，將議廢黜，特開延英，召宰臣及兩省御史臺五品已上、南班四品已上官對。……御史中丞狄兼謨上前雪涕以諫，詞理懇切。」

＊丁居晦　御史中丞

《舊書》卷一七《文宗紀下》：開成三年十一月「庚午，以翰林學士丁居晦爲御史中丞。」

＊李景先　侍御史（兼）

《中國邊疆史地研究》2007 年第 6 期《唐故寧慶等州節度觀察處置等使、朝散大夫、檢校戶部尚書、兼御史大夫、賜紫金魚袋、贈尚書右僕射、北海史公墓誌銘並序》（門吏前寧慶等州節度判官、朝議郎、檢校尚書水部員外郎、兼侍御史、上柱國李景先撰）：「公諱孝章，字得仁，其先北海人。……三年七月，白麻守本官，授邠寧慶等州節度觀察處置等使。……其年十月十三日上表入覲，廿日薨於長安靖恭里之私第，享年卅九，當開成三年歲次戊午。」

＊李潘　侍御史

《墓誌彙編》開成〇五〇《唐故朝議郎、使持節光州諸軍事、守光州刺史、賜緋魚袋李公墓誌銘兼序》：「公名潘，字藻夫。……（王）承元以公有誠，盡推轂之力，遂奏□評爲巡官，轉掌書記。及王公移鎮於岐，累授裏行殿中侍御史，職歷節度判官。……中書舍人崔公范蠡雅重其能，……多推薦於有司，制授均州刺史，議者以公蘊畜志業，屈於小郡，用展名實，有稱紀綱，乃徵拜侍御史。」據《舊書・崔蠡傳》，崔蠡開成二年（837）爲中書舍人，其推薦李潘任均州刺史在開成二年，李潘由均州刺史轉侍御史應在開成三年前後。

＊孫景商　殿中侍御史

《墓誌彙編》大中一二○《唐故天平軍節度、鄆、曹、濮觀察處置等使、朝請大夫、檢校禮部尚書、使持節鄆州諸軍事、兼鄆州刺史、御史大夫、上柱國、賜紫金魚袋、贈兵部尚書孫府君墓誌銘並序》：「公諱景商，字安詩，樂安人也。……大和二年，清河崔公闥下擢進士甲科，赴諸侯之辟於蜀西川、於荊、於越，凡所從悉當時明公，……御史丞得其名奏爲監察，歷殿中侍御史，益有名，入尚書省爲度支員外郎。……年六十四，以大中十年八月廿二日薨於鎮。」《唐方鎮文職僚佐考》考孫景商大和七年（833）至九年（835）在浙東節度使幕府任職，其任監察御史約在開成元年（836）至二年（837），轉殿中侍御史應在本年。

＊崔郚　殿中侍御史

《舊書》卷九一《崔玄暐傳》：「曾孫郚，開成三年，自商州防禦判官兼殿中侍御史。」《新書》卷一二○《崔玄暐傳》：「文宗開成三年，又詔：玄暐曾孫郚爲監察御史。」

＊楊乾光　殿中侍御史內供奉

《墓誌彙編》大中○九七《唐故朝散大夫、使持節丹州諸軍事、守丹州刺史、充本州防禦使、上柱國、弘農楊公墓誌銘並序》：「公諱乾光，字耀卿，其先弘農人也。……轉監察御史裏行、鄜坊觀察判官。連帥史公以州府繁務，委公總之，……府罷，除宋城令，不之任，旋改殿中侍御史內供奉，邠寧慶觀察判官。」史孝章，大和六年至九年爲鄜坊節度使，楊乾光任監察御史裏行。本年史爲邠寧慶等州節度觀察處置等使，楊乾光在其幕任判官。參《唐方鎮文職僚佐考》第 18 頁。

唐文宗開成四年（839）　己未

＊蕭俶　御史中丞

《舊書》卷一七二《蕭俛傳·弟俶附傳》：「（開成）四年三月，遷越州刺史、御史中丞、浙東都團練觀察使。」

＊高元裕　御史中丞

《舊書》卷一七一本傳：「高元裕，字景圭，渤海人。……元裕登進士第，

本名允中，大和初，爲侍御史，奏改元裕。……開成四年，改御史中丞，風望峻整。」《舊書》卷五二《后妃傳下》：「開成四年，昭義節度使劉從諫上章，論蕭本僞稱太后弟，……遂詔御史中丞高元裕、刑部侍郎孫簡、大理卿崔郇三司按弘、本之獄。」《新書》卷一七七本傳：「莊恪太子立，擇可輔導者，（元裕）乃兼賓客。進御史中丞。……自侍講爲中丞，文宗難其代，元裕表言兄少逸才可任，因以命之，世榮其遷。」

＊丁居晦　御史中丞

《會要》卷六五「光祿寺」：「開成四年正月，光祿寺奏：『……今御史中丞丁居晦。深知前弊。悉還所職。其廊下食料錢……』」

＊姚合　御史中丞（兼）

《舊書》卷一七下《文宗紀》：「（開成）四年八月，給事中姚合爲陝虢觀察使。」《全詩》卷八一四無可《送姚中丞赴陝州》：「二陝周分地，恩除左掖臣。……何妨向紅斾，自與白雲親。」《全詩》卷五八九李頻《陝府上姚中丞》：「關東領藩鎮，闕下授旌旄。覓句秋吟苦，酬恩夜坐勞。」《全詩》卷五〇三周賀《上陝府姚中丞》，姚中丞，均指姚合。吳廷燮《唐方鎮年表》：「開成四年，陝虢觀察使爲姚合。」

＊魏中庸　侍御史

《舊書》卷一七一《高元裕傳》：「高元裕，字景圭，……開成四年，改御史中丞，風望峻整。上言曰：『御史府紀綱之地，官屬選用，宜得實才。其不稱者臣，請出之。』監察御史杜宣猷、柳瓖、崔郇，侍御史魏中庸、高弘簡，並以不稱，出爲府縣之職。」

高弘簡　侍御史

《舊書》卷一七一《高元裕傳》：「高元裕，字景圭，……開成四年，改御史中丞，風望峻整。上言曰：『御史府紀綱之地，官屬選用，宜得實才。其不稱者臣，請出之。』監察御史杜宣猷、柳瓖、崔郇，侍御史魏中庸、高弘簡，並以不稱，出爲府縣之職。」又見《題名考》「碑陰額題名」條。

＊韓昶　殿中侍御史

《墓誌彙編》大中一〇二《唐故朝議郎、檢校尚書戶部郎中、兼襄州別

駕、上柱國韓昶自爲墓誌銘並序》：「昌黎韓昶，字存之。傳在國史。……年至二十五，及第釋褐，……相國牛公僧孺鎭襄陽，以殿中加支使，旋拜秘書省著作郎。」牛僧孺開成四年（839）至會昌元年（841）鎭襄陽，韓昶任殿中侍御史在此期間。

＊杜宣猷　監察御史

《舊書》卷一七一《高元裕傳》：「高元裕，字景圭，……開成四年，改御史中丞，風望峻整。上言曰：『御史府紀綱之地，官屬選用，宜得實才。其不稱者臣，請出之。』監察御史杜宣猷、柳璟、崔郢，侍御史魏中庸、高弘簡，並以不稱，出爲府縣之職。」

＊柳璟　監察御史

《舊書》卷一七一《高元裕傳》：「高元裕，字景圭，……開成四年，改御史中丞，風望峻整。上言曰：『御史府紀綱之地，官屬選用，宜得實才。其不稱者臣，請出之。』監察御史杜宣猷、柳璟、崔郢，侍御史魏中庸、高弘簡，並以不稱，出爲府縣之職。」

＊崔郢　監察御史

《舊書》卷一七一《高元裕傳》：「高元裕，字景圭，……開成四年，改御史中丞，風望峻整。上言曰：『御史府紀綱之地，官屬選用，宜得實才。其不稱者臣，請出之。』監察御史杜宣猷、柳璟、崔郢，侍御史魏中庸、高弘簡，並以不稱，出爲府縣之職。」

＊劉蕡　御史（兼）開成四年（839）～會昌元年（841）

《舊書》卷一九○《文苑傳下‧劉蕡傳》：「諫官御史，扼腕憤發，而執政之臣，從而弭之，以避黃門之怨。……令狐楚在興元，牛僧孺鎭襄陽，辟爲從事，待如師友。位終使府御史。」牛僧孺開成四年（839）至會昌元年（841）鎭襄陽，劉蕡在其幕府任監察、或殿中侍御史。

唐文宗開成五年（840）庚申

*陳君賞　御史大夫（兼）開成五年（840）～會昌三年（843）十月前

《墓誌彙編》大中一三三《唐故權知忻州長史、銀青光祿大夫、檢校太子賓客、兼殿中侍御史、潁川郡陳公墓誌》：「公諱論，字子明，其先潁川郡人也。……祖楚，河陽軍節度使、檢校左僕射兼御史大夫，贈太子太保。……父賞，義武軍節度使、檢校右僕射兼御史大夫，贈太子少保。……公……大中十年三月四日終於上都私第，享年卅三。」《唐方鎮年表》卷四（第510～511頁）考陳君賞開成五年（840）～會昌三年（843）十月前爲義武軍節度使。《墓誌》云陳賞，當爲陳君賞。

*黎植　御史中丞

《會要》卷三一「輿服」：「開成……五年六月，御史中丞奏：伏以朝官出使。自合驛馬。不合更乘簷子……」

*裴夷直　御史中丞

《舊書》卷一八上《武宗紀上》：「（開成）五年正月二日，文宗暴疾。……八月十七日，葬文宗皇帝於章陵。……是日……御史中丞裴夷直爲杭州刺史。」

*韋塤　御史中丞（兼）　開成五年（840）～會昌元年（841）

《墓誌彙編》會昌○○八《唐故朝議郎、使持節明州諸軍事、守明州刺史、上柱國、賜緋魚袋韋府君墓誌銘並序》：「府君諱塤，字導和，京兆人也。……又爲今尙書鹽鐵崔公奏留務江淮，假御史中丞，……乃將告去，朝廷聞，天子分寄明州。……無何，無疾而逝，……以會昌元年五月五日卒於明州郡署。」又《墓誌彙編》○四八《大唐故明州刺史御史中丞崔公（塤）夫人太原溫氏之墓誌》：「公諱塤，字導和。大中、開成中，天子知公吏理明幹，……注意重用。」《墓誌彙編》大中一二六《故京兆韋氏室女都娘子墓誌銘並序》（大中十年十二月十三日）：「顯考塤，明州刺史、御史中丞。」《唐僕尙丞郎表》卷三考崔珙於開成五年五月四日以本官同平章事仍充鹽運使，《墓誌》云「今尙書鹽鐵崔公」，即崔珙。

＊盧罕　侍御史知雜

《會要》卷六八「河南尹」：「開成五年四月，東都奏：河南尹高銖與知臺御史盧罕街衢相逢。高銖乘肩輿，無所逃避。二人各引所見，臺府喧競。」

＊盧簡求　殿中侍御史

《舊書》卷一六三《盧簡辭傳·弟簡求附傳》：「簡求字子臧，長慶元年登進士第。裴度鎮襄陽，保釐洛都，皆辟為賓佐，奏殿中侍御史。入朝，拜監察。裴度鎮太原，復奏為記室。入為殿中，賜緋。會昌末，討劉稹⋯⋯」裴度於開成三年（838）——開成五年（840）鎮太原，盧簡求「入為殿中」應在開成五年。

＊盧伯卿　殿中侍御史內供奉

《墓誌彙編》開成○四九《唐故知鹽鐵轉運、鹽城監事、殿中侍御史內供奉、范陽盧府君墓誌銘並序》：「維開成五年歲在庚申六月乙巳朔，殿中侍御史內供奉范陽盧公享年六十七，終於河南府之濟源縣之私室。⋯⋯公諱伯卿，字元章。⋯⋯既冠，擢明經第，始調補絳州萬泉尉，秩滿再補陝州安邑尉，⋯⋯未幾罹先夫人之憂，⋯⋯既免喪，三補河中府猗氏縣主簿。⋯⋯授大理評事，充東渭橋給納使巡官，尋以本官知京畿雲陽院，遷監察御史，充兩池使判官。俄以統職有歸，不得專任，改知閿中院，轉殿中侍御史，領鹽城監。既而遇疾於淮上。」

唐穆宗長慶元年至文宗開成五年待考證御史

＊杜載　監察御史　長慶二年（822）前

《全文》卷六四九元稹《授杜載監察御史制》：「敕：杜載：西旅違言，侵坑縣道，雖有備無患，而予心惕然。⋯⋯宜加憲秩。」杜載長慶二年任御史中丞，其任監察御史應在此前，具體任職年份待考。

＊趙全亮　侍御史　寶曆末、大和初

《舊書》卷一三八《趙憬傳》：「趙憬子⋯⋯元亮官至左司郎中、侍御史知雜事卒。次子全亮，官至侍御史、桂管防禦判官。」趙元亮治崔元略貪贓事在敬宗寶曆元年，據此推其弟全亮任侍御史應在寶曆末、大和初，具體任

職年份待考。

＊唐扶　監察御史　開成前

《舊書》卷一九〇《文苑傳下·唐扶傳》：「入朝爲監察御史，出爲刺史。……開成初，正拜舍人，逾月，授福州刺史、御史中丞、福建團練觀察使。」唐扶開成初任御史中丞，其任監察御史當在開成以前，具體任職年份待考。

崔鄲　監察御史　開成二年（837）前

《舊書》卷一五五《崔邠傳·弟鄲附傳》：「鄲登進士第，累遷監察御史，三遷考功郎中。……開成二年，出爲宣州刺史、兼御史中丞、宣歙觀察使。」見《題名考》「碑額題名」條。唐扶開成二年任御史中丞，其任監察御史當在開成以前，具體任職年份待考。

＊牛蔚　監察御史　文宗時

《舊書》卷一七二《牛僧孺傳·子蔚附傳》：「蔚字大章，十五應兩經舉。大和九年，復登進士第，三府辟署爲從事，入朝爲監察御史。」

＊郭承嘏　侍御史

《舊書》卷一六五本傳：「歷渭南尉，入朝爲監察御史，遷起居舍人。……丁內艱，以孝聞，終喪爲侍御史，職方、兵部二員外，兵部郎中。……開成元年，出爲華州刺史、兼御史中丞。」郭承嘏元和十五年爲監察御史，開成元年，出爲華州刺史、兼御史中丞，其任侍御史當在元和十五年至開成元年期間，具體任職年份待考。

＊盧伯卿　監察御史　大和（827～835）中

《墓誌彙編》開成〇四九《唐故知鹽鐵轉運、鹽城監事、殿中侍御史內供奉、范陽盧府君墓誌銘並序》：「維開成五年歲在庚申六月乙巳朔，殿中侍御史內供奉范陽盧公享年六十七，終於河南府之濟源縣之私室。……公諱伯卿，字元章。……既冠，擢明經第，始調補絳州萬泉尉，秩滿再補陝州安邑尉，……未幾罹先夫人之憂，……既免喪，三補河中府猗氏縣主簿。……授大理評事，充東渭橋給納使巡官，尋以本官知京畿雲陽院，遷監察御史，充兩池使判官。」

盧簡能　監察御史　大和九年（835）前

《舊書》卷一六三《盧簡能傳》：「簡能字子拙，登第後再辟藩府，入爲監察御史。大和九年，由駕部員外郎檢校司空郎中。」盧簡能大和九年任駕部員外郎，其任監察御史應在大和九年前，具體任職年份待考。

＊張景初　殿中侍御史

《舊書》卷一二九《張延賞傳》：「（張延賞子弘靖，弘靖子文規、景初……）景初，歷職使府，官止殿中侍御史。」約與其兄文規同時，待考。

＊張文規　御史中丞（兼）　開成三年（838）後

《舊書》卷一二九《張延賞傳》：「（張延賞子弘靖，弘靖子文規、景初）文規，歷拾遺、補闕、吏部員外郎。開成三年十一月，右丞韋溫彈劾文規，……乃出爲安州刺史。累遷右散騎常侍、兼御史中丞、桂管都防禦觀察使。」張文規開成三年出爲安州刺史，其任右散騎常侍、兼御史中丞應在此後，待考。

＊蕭德源　殿中侍御史（兼）　大和（827～835）中？

《墓誌彙編》大中〇九八《大唐涿州范陽縣主簿蘭陵蕭公夫人侯氏墓誌銘》：「夫人侯氏，……其蕭公……皇考諱德源，河東節度押衙野牧使、左右廂軍使、銀青光祿人夫、檢校太子賓客兼殿中侍御史。」夫人卒大中九年，享年二十四。

唐武宗會昌元年至懿宗咸通十四年

唐武宗會昌元年（841） 辛酉

✱陳夷行　御史大夫

《新書》卷六三《宰相表下》：「會昌元年三月甲戌，御史大夫陳夷行爲門下侍郎、同中書門下平章事。」《新書》卷八《武宗紀》：「會昌元年……三月，御史大夫陳夷行爲門下侍郎、同中書門下平章事。」又見《會要》卷六一「館驛」。

✱吳仲甫　御史大夫（兼）

《墓誌彙編》開成〇五一《滎陽亡夫人墓誌銘並序》：「滎陽毛公，……生女四人，夫人即季女也。及未笄，出適安武軍衙門大將兼御史大夫吳公諱仲甫，……開成五年十二月廿七日終……，以來年正月十日歸葬於濮陽郡先夫人之塋側，禮也。」

✱孫簡　御史大夫（兼）

《墓誌彙編》會昌〇一〇《唐故汝州司馬孫府君墓誌銘並敘》（第卅三姪、河中、晉、絳、慈等州節度觀察處置等使、中大夫、檢校禮部尚書、兼河中尹、御史大夫、上柱國、賜紫金魚袋簡謹撰）：「公諱審象，字近初，以會昌元年九月十七日閏終於郡之官舍。」

✱梁叔明　御史中丞

《隋唐五代墓誌彙編・陝西卷》第四冊《唐故銀青光祿大夫檢校國子祭

酒前兼彭州別駕御史大夫孫公夫人梁氏墓誌銘並序》：「夫人安定人也，……曾祖崇義，皇鄧州刺史、兼御史中丞；祖伯倫，皇曹州刺史、御史大夫；嚴考叔明，皇攝濮州刺史、御史中丞，……夫人即濮州府君第十女也。」《新書》卷二二四《叛臣傳》：「崇義孫叔明，養與李納，後從劉晤爲昭義將，從諫死，遣進旄節，有詔誅之。」劉從諫死在會昌三年，參《唐刺史考全編》卷六七「濮州」。

＊苗鎭　御史中丞

《會要》卷九八「迴紇」：「武宗即位，……遣將作少監、兼御史中丞苗鎭持節駐於河東。」

＊崔君會　侍御史

《會要》卷九八「党項羌」：「會昌初，上頻命使安撫之。……在邠、寧、延者，以侍御史、內供奉崔君會主之。」又見《舊書》卷一九八《西戎傳·党項羌傳》。

＊李鄩　侍御史

《會要》卷九八「党項羌」：「會昌初，上頻命使安撫之。……在鹽、夏、長、澤者，以侍御史、內供奉李鄩主之。」又見《舊書》卷一九八《西戎傳·党項羌傳》。

＊鄭賀　侍御史

《會要》卷九八「党項羌」：「會昌初，上頻命使安撫之。……在靈、武、麟、勝者，以侍御史、內供奉鄭賀主之。」又見《舊書》卷一九八《西戎傳·党項羌傳》。

＊白敏中　殿中侍御史

《舊書》卷一六六《白居易傳·敏中附傳》：「敏中少孤，爲諸兄之所訓厲。長慶初，登進士第，佐李聽，歷河東、鄭滑、邠寧三府節度掌書記，試大理評事。……會昌初，爲殿中侍御史，分司東都，尋除戶部員外郎，還京。……武宗皇帝素聞居易之名，及即位，欲徵用之，宰相李德裕言居易衰病不任朝謁，因言從弟敏中辭藝類居易，即日知制誥。」

＊鄭亞　監察御史

《舊書》卷一七八《鄭畋傳》：「鄭畋字臺文，滎陽人也。……父亞，……亞字子佐，元和十五年擢進士第。……會昌初，始入朝爲監察御史，累遷刑部郎中。」《新書》卷一八五《鄭畋傳》：「鄭畋字臺文，……父亞，字子佐。爽邁有文，舉進士、賢良方正、書判拔萃，三中其科。李德裕爲翰林學士，高其才，及守浙西，辟署幕府。擢監察御史。」

唐武宗會昌二年（842）壬戌

＊劉沔　御史大夫（兼）

《舊書》卷一八《武宗紀上》：會昌二年三月，「以振武麟勝節度使、銀青光祿大夫、檢校尚書右僕射、單于大都護、兼御史大夫、彭城郡開國公、食邑二千戶劉沔可檢校右僕射，……以河東節度使劉沔檢校司空，兼滑州刺史、御史大夫，充義成軍節度、鄭滑濮觀察等使。」

＊李璟　御史中丞（兼）

《會要》卷九七「吐蕃」：「會昌二年，贊普卒，至十二月，遣論贊熱等來告喪。……詔遣將作少監兼御史中丞李璟，持節入西蕃，充弔祭使。」

＊李讓夷　御史中丞

《新書》卷六三《宰相表下》：「會昌二年七月，尚書左丞兼御史中丞李讓夷爲中書侍郎、同中書門下平章事。」《新書》卷八《武宗紀》：會昌二年「七月，幸左神策軍閱武。尚書右丞兼御史中丞李讓夷爲中書侍郎、同中書門下平章事。」

＊李回　御史中丞

《會要》卷六二「雜錄」：「會昌二年九月，御史中丞李回奏……」

唐武宗會昌三年（843）癸亥

＊陳夷行　御史大夫（兼）

《舊書》卷一八《武宗紀上》：會昌三年「八月，……以右僕射、平章事

陳夷行檢校司空，兼河中尹、御史大夫，充河中節度、晉絳慈隰觀察等使。」

＊石雄　御史大夫（兼）

《舊書》卷一八《武宗紀上》：會昌三年二月，「以麟州刺史、天德行營副使石雄爲銀青光祿大夫、檢校左散騎常侍、豐州刺史、御史大夫，充豐州西城中城都防禦、本管押蕃落等使。」《舊書》卷一六一本傳：「會昌初，……以功加檢校左散騎常侍、豐州刺史、兼御史大夫、天德防禦等使。」

＊李執方　御史大夫（兼）

《曲陽志・金石》：「李執方等題名：檢校吏部尚書、定州刺史、御史大夫李執方，會昌三年十月十日。」《唐方鎮年表》卷四（第511～512頁）考李執方會昌三年（843）十月至五年（845）正月在義武君節度使任。

＊李回　御史中丞（兼）

《舊書》卷一七三本傳：「釋褐滑臺從事，揚州掌書記，得監察御史。……武宗即位，拜工部侍郎，……三年，兼御史中丞。」又見《新書》卷八《武宗紀》。

＊裴休　御史中丞（兼）

《墓誌彙編》會昌○三四《唐故禪大德演公塔銘》（金紫光祿大夫兼御史中丞上柱國裴休撰）：「大師俗姓柳，……以會昌三年二月五日……汩然坐化。」

＊李璟　御史中丞（兼）

《會要》卷九七「吐蕃」：「會昌二年，贊普卒，至十二月，遣論贊熱等來告喪。……詔遣將作少監兼御史中丞李璟，持節入西蕃，充弔祭使。……（會昌）三年正月。璟至自吐蕃。」

＊盧就　殿中侍御史　會昌三年（843）～四年（844）

《墓誌彙編》大中○六四《唐故朝請大夫尚書刑部郎中上柱國范陽盧府君墓誌銘並序》：「有唐刑部郎中盧君府君諱就，字子業，范陽人也。……會昌初，刑部侍郎弘宣出爲東川節度使，奏假殿中侍御史，充支使。」《唐方鎮文職僚佐考》（第392頁）考盧弘宣會昌三年（843）至四年（844）任東川節度使，盧就在弘宣幕府任殿中侍御史在此期間。

唐武宗會昌四年（844） 甲子

＊崔元式　御史大夫

《舊書》卷一八上《武宗紀上》：會昌四年二月「丁巳，制河中晉絳慈隰等州節度觀察等使、中散大夫、檢校左散騎常侍、河中尹、御史大夫、上柱國、博陵縣開國男、食邑三百戶崔元式可檢校禮部尙書，兼太原尹、北都留守，充河東節度觀察等使。」

＊石雄　御史大夫（兼）

《舊書》卷一八《武宗紀上》：會昌四年「九月，以天德軍使、晉絳行營招討使石雄檢校兵部尙書、河中尹、兼御史大夫、河中晉絳慈隰等州節度使。」

＊王宰　御史大夫（兼）

《舊書》卷一八《武宗紀上》：會昌四年「九月，……以前山南東道節度使盧鈞檢校尙書左僕射、潞州大都督府長史，充昭義軍節度使、澤潞邢洺觀察等使。以忠武軍節度、陳許蔡等州觀察處置等使、河陽行營諸軍招討使、金紫光祿大夫、檢校尙書右僕射、兼御史大夫、上柱國、太原郡開國公、食邑二千戶王宰檢校司空、太原尹、北都留守，充河東節度、管內觀察處置等使。」

＊周墀　御史大夫（兼）

《全文》卷七五五杜牧《唐故東川節度檢校右僕射兼御史大夫贈司徒周公墓誌銘》：「……時大和末，注、訓用事。……武宗即位，以疾辭，出爲工部侍郎華州刺史。……李太尉德裕伺公纖失，四年不得，知愈治不可蓋抑，遷公江西觀察使兼御史大夫。」武宗即位在開成五年（840），李德裕伺公纖失，四年不得，即會昌四年（844年），周墀遷公江西觀察使兼御史大夫。

＊李回　御史中丞（兼）

《通鑑》卷二四八：會昌四年九月，「德裕又使人於潞州求僧孺、宗閔與從諫交通書疏，無所得，乃令孔目官鄭慶言從諫每得僧孺、宗閔書疏，皆自焚毀。詔追慶下御史臺近問，中丞李回、知雜鄭亞以爲信然。」

＊趙蕃　御史中丞（兼）

《會要》卷一〇〇「結骨國」：「會昌三年……二月，遣使注吾合索等七人來朝。……四年，上命太僕卿兼御史中丞趙蕃持節宣慰。」

＊鄭亞　侍御史知雜

《通鑑》卷二四八：會昌四年九月，「德裕又使人於潞州求僧孺、宗閔與從諫交通書疏，無所得，乃令孔目官鄭慶言從諫每得僧孺、宗閔書疏，皆自焚毀。詔追慶下御史臺近問，中丞李回、知雜鄭亞以爲信然。」

＊畢諴　監察御史

《舊書》卷一七七本傳：「畢諴者，字存之。……太和中，進士擢第，又以書判拔萃，尚書杜悰鎮許昌，辟爲從事。悰領度支，諴爲巡官。悰鎮揚州，又從之。悰入相，諴爲監察，轉侍御史。」《舊書》卷一八《武宗紀》：會昌四年「七月，淮南節度使、檢校司空杜悰守尚書右僕射、兼門下侍郎、同平章事。」畢諴任監察御史應在此時。

＊竇存辭　監察御史裏行

《墓誌彙編》會昌〇四〇《唐故綿州刺史江夏李公墓誌銘並序》（外甥前義武軍節度掌書記儒林郎監察御史裏行竇存辭書）：「有唐會昌四年四月十一日，左綿守李公殁於位。」

＊沈師黃　監察御史裏行　會昌四年（844）～大中三年（849）

《墓誌彙編》大中〇八四《唐故監察御史河南府登封縣令吳興沈公墓誌》（仲兄前淮南營田巡官文林郎試大理評事中黃撰）：「故西臺監察御史登封縣令吳興沈公殁於少室之東。……公諱師黃，字希徒。……王相國起鎮南鄭，自相府已下，清舉名人，……今首奏吳興耳。授監察裏行判觀察事。三年歸臺，臺望峭冷，奸豪懼之。及將轉殿中，老吏多計，構惑司長，出爲滎陽、登封二縣令。……害我賢矣！以大中八年歲在甲戌二月丙寅日也。」據清人吳廷燮《唐方鎮年表》，王起於會昌四年（844）～大中元年（847）鎮南鄭，正與《墓誌》云「三年歸臺」相合。以唐監察御史任期，沈師黃入臺任監察御史裏行在大中元年（847）至大中三年（849）前後。

唐武宗會昌五年（845） 乙丑

＊李回　御史中丞

《舊書》卷一八《武宗紀上》：會昌五年三月，「以御史中丞、兼兵部侍郎李回本官同平章事。」

＊李杕　御史中丞（兼）

《會要》卷一〇〇「結骨國」：「會昌……五年，命右散騎常侍兼御史中丞李杕持節充冊使。」

＊盧就　侍御史（兼）　會昌五年（845）～大中元年（847）

《墓誌彙編》大中〇六四《唐故朝請大夫、尚書刑部郎中、上柱國、范陽盧府君墓誌銘並序》：「有唐刑部郎中盧君府君諱就，字子業，范陽人也。……盧公移鎮易、定，改侍御史，充觀察判官。又轉檢校戶部員外郎，充節度判官。未周歲，入爲侍御史，推吳湘冤事甚直，遷比部員外，由比部爲度支外郎。大中五年正月，宰相其能，請爲刑部郎中。不幸有疾，四月六日，終於上都宣平里，年五十八。」戴偉華《唐方鎮文職僚佐考》（第 176 頁）考盧弘宣會昌五年（845）至大中元年（847）任義武軍節度，盧就在弘宣幕府任侍御史在此期間。

＊崔元藻　監察御史

《舊書》卷一六五《柳仲郢傳》：「……會昌中，三遷吏部郎中，……五年，淮南奏吳湘獄，御史崔元藻覆按得罪，仲郢上疏理之，人皆危懼。」《舊書》卷一七三《李紳傳》：「會昌五年，……諫官疑其冤，論之，遣御史崔元藻復推，與揚州所奏多同，湘竟伏法。」又見《通鑑》卷二四八「會昌五年」條。

＊李稠　監察御史

《通鑑》卷二四八：「會昌五年……春，正月……淮南節度使李紳按江都令吳湘盜用程糧錢，強聚所部百姓顏悅女，估其資裝爲贓，罪當死。湘，武陵之兄子也，李德裕素惡武陵，議者多言其冤，諫官請覆按，詔監察御史崔元藻、李稠覆之。」

唐武宗會昌六年（846） 丙寅

＊崔璪　御史中丞

《舊書》卷一七七《崔珙傳・弟璪附傳》：「會昌初，出爲陝虢觀察使，遷河南尹，入爲御史中丞，轉吏部侍郎。」嚴耕望《唐僕尙丞郎表》卷三考崔璪會昌末、或大中元年由御史中丞轉吏部侍郎。

＊余從周　侍御史　會昌六年（846）～大中元年（847）

《墓誌彙編》大中〇六〇《唐故朝議郎、行尙書刑部員外郎、會稽余公夫人河南方氏合祔墓誌銘並序》（文林郎守尙書都官員外郎賜緋魚袋權撰）：「大中五年秋八月癸卯，尙書刑部員外郎余君卒。……已拜博士，屬上有事於南郊，又屬恭僖太后將祔廟，又屬懿安太后崩。君詳定禮儀，無不協當。……今浙東觀察使李公時掌貢士，，聞君之抗直，乃奏君考試諸生之業經者。……君自博士爲侍御史時，京兆有殺人者，反誣平人，訊鞫留歲餘，比奏，上疑之，事下御史臺，君復問未竟，三日而賊首明白。上嘉其能，歲滿亦終用君爲刑部員外郎。……君諱從周，字廣魯，其先會稽人。」文宗時，稱寶曆太后。會昌五年去世，諡號「恭僖皇后」。又據《紹興志》：「李師稷，會昌二年至會昌五年任浙東觀察使兼越州刺史。」余從周任侍御史約在會昌六年（846）至大中元年（847）間。

＊崔鄻　侍御史　會昌中

《墓誌彙編》大中〇九〇《□□□□□使持節曹州諸軍事、守曹州刺史、賜紫金魚袋清河崔府君墓誌銘並序》：「府君諱鄻，字退舉，清河東武城人。……相國杜公嘗領邦計，欲大革前弊，精擇高名之士以主屬院，奏君試秘書郎兼殿中侍御史知西川院事。既至，以公勤致権課，以潔白束奸吏，三川比較，□續特殊。當時西川節度使故相國李公，風望峭峻，……重君清直，敬持加等。……今唐州尙書鄭公初拜尹京，奏充京兆司錄，……遷奉先令。……徵拜侍御史。……時有驛使吏卒侵擾郵亭，本縣令長重加鞭笞，禁衛上訴，稱是軍人，君實本推訪，知假託□□，憲長咸欲徇從，君移時抗論，堅執不變。……居未旬朔，詔除□部員外郎。……以大中八年十月既望□疾，……至十一月十二日告終於濟陰之官舍，享齡六十有八。」

＊契苾公度　殿中侍御史（兼）　大中元年（847）前

《墓誌彙編》大中○一二《唐左衛大將軍兼御史中丞契苾公妻何氏墓誌並序》（鄜坊丹延等州節度掌書記監察御史裏行韋遇撰）：「夫人何氏，……以會昌六年十二月廿四日終於丹州，享年五十八。有子十人：……仲曰公度，終於節度押衙兼殿中侍御史；……以大中元年丁卯歲十月……權葬於振武軍□□□□原之邑也。」

＊李蔚　監察御史

《舊書》卷一七八本傳：「李蔚字茂休，隴西人。……開成末進士擢第，釋褐襄陽從事。會昌末調選，又以書判拔萃，拜監察御史，轉殿中監。」

＊高瀚　監察御史

《墓誌彙編》大中一○五《唐故朝議郎、河南府壽安縣令、賜緋魚袋、渤海高府君墓誌銘並序》：「府君諱瀚，字子至，渤海蓨人也。……皇試右衛錄事參軍攝監察御史贈司空諱去疾府君之孫，皇同州刺史兼御史中丞、贈兵部尚書諱鉽府君之長子。……故相國江州李公在相位，……轉京兆府興平縣尉，……無何，拜監察御史。相國節制庸蜀，時已失勢，開府之日，士或不願召。府君感知委質，慷慨請行，奏授殿中侍御史內供奉、掌節度書記。」《墓誌》云「故相國江州李公」，即李回。據《舊書》卷一七三《李回傳》：「會昌三年，劉鎮據潞州，賊平，以本官（戶部侍郎，筆者注）同平章事。」又據《通鑒》卷二四八，劉鎮事平在會昌四年（844），李回拜相在會昌五年（845），高瀚任監察御史應在本年。

唐宣宗大中元年（847）丁卯

大中元年春正月戊申，皇帝有事於郊廟，禮畢，御丹鳳門，大赦，改元。《舊書》卷一八下《宣宗紀》。

＊盧鈞　御史大夫

《舊書》卷一七七本傳：「大中初，檢校尚書右僕射、汴州刺史、御史大夫、宣武軍節度、宋亳汴潁觀察等使，就加檢校司空。」

＊盧簡辭　御史大夫　大中元年（847）～二年（848）

《舊書》卷一六三本傳：「大和中，坐事自太僕卿出爲衢州刺史。會昌

中，入爲刑部侍郎，轉戶部。大中初，轉兵部侍郎、檢校工部尚書、許州刺史、御史大夫、忠武軍節度使，遷檢校刑部尚書、襄州刺史、山南東道節度使，卒。」

＊鄭亞　御史中丞

《舊書》卷一八《宣宗》：大中元年春正月，「以給事中鄭亞爲桂州刺史、御史中丞、桂管防禦觀察等使。」《舊書》卷一七八《鄭畋傳》：「鄭畋字臺文，滎陽人也。……父亞，……字子佐，元和十五年擢進士第。……會昌初，始入朝爲監察御史，累遷刑部郎中。……五年，德裕罷相，鎮渚宮，授亞正議大夫。出爲桂州刺史、御史中丞、桂管都防禦經略使。」《李商隱文集》卷《爲中丞滎陽公謝借飛龍馬送至府界狀》、《爲中丞滎陽公赴桂州長樂驛謝敕設饌狀》等文多篇，中丞滎陽公，即鄭亞。

＊封鼇　御史中丞

《通鑑》卷二四八：「大中元年……二月，……上以旱故，減膳徹樂，出宮女，縱鷹隼，止營繕，命中書侍郎同平章事盧商與御史中丞封鼇疏理京城繫囚。」

＊盧就　侍御史　大中元年（847）～二年（848）

《墓誌彙編》大中○六四《唐故朝請大夫、尚書刑部郎中、上柱國、范陽盧府君墓誌銘並序》：「有唐刑部郎中盧君府君諱就，字子業，范陽人也。……盧公移鎮易、定，改侍御史，充觀察判官。又轉檢校戶部員外郎，充節度判官。未周歲，入爲侍御史，推吳湘冤事甚直，遷比部員外，由比部爲度支外郎。大中五年正月，宰相其能，請爲刑部郎中。不幸有疾，四月六日，終於上都宣平里，年五十八。」盧就會昌五年（845）至大中元年（847）在盧弘宣幕府任侍御史，《墓誌》云「未周歲，入爲侍御史」，則其實授侍御史應在大中元年、或二年。

＊高瀚　殿中侍御史　大中元年（847）～二年（848）

《墓誌彙編》大中一○五《唐故朝議郎、河南府壽安縣令、賜緋魚袋渤海高府君墓誌銘並序》：「府君諱瀚，字子至，渤海蓨人也。……皇試右衛錄事參軍攝監察御史贈司空諱去疾府君之孫，皇同州刺史兼御史中丞、贈兵部尚

書諱鈇府君之長子。……故相國江州李公在相位，……轉京兆府興平縣尉，……無何，拜監察御史。相國節制庸蜀，時已失勢，開府之日，士或不願召。府君感知委質，慷慨請行，奏授殿中侍御史內供奉、掌節度書記。相國廉問湘中，復以本官奏充觀察支使。府罷，故致政少傅盧公方鎮荊門，辟署節度判官，滿歲，轉侍御史內供奉。今秘監楊公代鎮，復以本官奏充舊職，轉檢校尚書外郎兼侍御史。無幾，奏爲節度副使。……府除，拜殿中侍御史。……大中十年四月七日暴卒於任，春秋三十有八。」

＊王鐸　監察御史

《舊書》卷一六四《王播傳・炎子鐸附傳》：「鐸字昭範，會昌初進士第。……大中初，入爲監察御史。」

＊趙璘　監察御史裏行

《墓誌彙編》大中〇一一《唐故進士趙君墓誌銘》：「進士趙珪，……以大中元年歲在丁卯二月十五日，終於長安靖恭里第，享年肆拾貳。長兄江西觀察判官監察御史裏行璘，寄財畢喪事，……以其年九月十四日，殯於河南府河南縣平樂鄉……」

＊韋遇　監察御史裏行

《墓誌彙編》大中〇一二《唐左衛大將軍兼御史中丞契苾公妻何氏墓誌並序》（鄜坊丹延等州節度掌書記監察御史裏行韋遇撰）：「夫人何氏，……以會昌六年十二月廿四日終於丹州，……以大中元年丁卯歲十月……權葬於振武軍□□□□原之邑也。」

＊朱邯　監察御史（兼）

《墓誌彙編》大中〇一三《唐故處士吳郡朱府君臧氏夫人墓誌銘並序》：「夫人諱子眞，……以大中元年丁卯歲五月廿六日遇疾，終於修善里之私第。……有嗣子左屯營軍副使、銀青光祿大夫、檢校太子賓客兼監察御史、上柱國邯，內衣孝敬奉省。」

唐宣宗大中二年（848） 戊辰

＊崔龜從　御史大夫（兼）

《舊書》卷一八下《宣宗紀》：大中二年「六月己丑，……戶部侍郎、兼御史大夫、判度支崔龜從奏……」

＊崔璪　御史大夫（兼）

《舊書》卷一七七《崔珙傳·弟璪附傳》：「……崔鉉再輔政，罷璪使務，檢校兵部尚書，兼河中尹、御史大夫，充河中晉絳磁隰等州節度觀察使。」嚴耕望《唐僕尚丞郎表》卷四考崔璪由吏部侍郎轉兵部侍郎。其兼御史大夫在此時。

＊鄭亞　御史中丞　二月前

《舊書》卷一八下《宣宗》：「（大中）二年……二月，制……桂州刺史、御史中丞、桂管防禦觀察使鄭亞貶循州刺史，」

＊蔡京　殿中侍御史

《舊書》卷一八下《宣宗紀》：「（大中）二年……二月，制……殿中侍御史蔡京貶澧州司馬。」

＊張榮秀　監察御史

《墓誌彙編》大中○一八《唐故中山郡郎氏夫人墓誌銘並序》（大中二年正月廿四日）：「夫人……皇祖諱餘仙，滑州刺史御史大夫。……適於節度押衙兼監察御史清河郡張氏字榮秀。」夫人卒大中元年，享年七十三。張榮秀約大中二年或稍前任監察御史，暫繫於此。

唐宣宗大中三年（849） 己巳

＊崔鉉　御史大夫

《舊書》卷一八下《宣宗紀》：大中三年「四月，以正議大夫、守御史大夫、上柱國、博陵縣開國子、食邑五百戶、賜紫金魚袋崔鉉可中書侍郎、平章事。」同書卷一六三《崔元略傳·子鉉附傳》：「大中三年，召拜御史大夫，尋加正議大夫、中書侍郎、同平章事。」《新書》卷六三《宰相表下》：

「大中三年四月乙酉，御史大夫崔鉉守中書侍郎、同中書門下平章事，墀檢校刑部尙書、東川節度使，兵部侍郎、判戶部事魏扶守本官、同中書門下平章事。」《新書》卷八《宣宗紀》：「御史大夫崔鉉爲中書侍郎，兵部侍郎、判戶部事魏扶：同中書門下平章事。」

＊崔璪　御史大夫（兼）

《唐僕尙丞郎表》卷四考崔璪本年四月檢校兵部尙書、出爲河中節度，仍兼御史大夫。參大中二年「崔璪」條。

＊崔翬　御史中丞（兼）　大中三年（849）～六年（852？）

《墓誌彙編》大中〇九〇《□□□□使持節曹州諸軍事、守曹州刺史、賜紫金魚袋、清河崔府君墓誌銘並序》：「府君諱翬，字退舉，清河東武城人。……相國杜公嘗領邦計，欲大革前弊，精擇高名之士以主屬院，奏君試秘書郎兼殿中侍御史知西川院事。既至，以公勤致權課，以潔白束奸吏，三川比較，□續特殊。當時西川節度使故相國李公，風望峭峻，……重君清直，敬持加等。……今唐州尙書鄭公初拜尹京，奏充京兆司錄，……遷奉先令。……徵拜侍御史。……時有驛使吏卒侵擾郵亭，本縣令長重加鞭笞，禁衛上訴，稱是軍人，君實本推訪，知假託□□，憲長咸欲徇從，君移時抗論，堅執不變。……居未旬朔，詔除□部員外郎。時有功勳之胤，初領節鎮，闕廷慮撫理未洽，乃愼選省郎，置之貳職，……詔除檢校大□少卿兼御史中丞，充義昌軍節度副使，仍賜銀龜朱紱。……又轉檢校左庶子兼御史中丞。……徵召膳部郎中，……除曹州刺史，……以大中八年十月既望□疾，……至十一月十二日告終於濟陰之官舍，享齡六十有八。」《唐方鎮年表》考李琢大中三年「自洺州刺史爲義昌節度使。聽之子。」至大中八年一直在義昌節度使任。據《舊書》卷一三三《李晟傳》：「晟十五子：侗、伷、偕，無祿早世；次願、聰、總、愻、憑、恕、憲、愬、懿、聽、甚、殷、聰、總官卑而卒，而願、愬、聽最知名。」《墓誌》云「時有功勳之胤，初領節鎮，闕廷慮撫理未洽，乃愼選省郎，置之貳職」，此功勳之胤當爲李琢。崔翬任檢校大□少卿兼御史中丞，充義昌軍節度副使在大中三年（849）至六年（852）前後。

＊魏薹　御史中丞　大中三年（849）～大中五年（851）

《舊書》卷一七六本傳：「宣宗即位，白敏中當國。……（大中）二年，

內徵爲給事中，遷御史中丞。……謨奏曰：『御史臺紀綱之地，不宜與泉貨吏雜處，乞罷中司，專綜戶部公事。』」《會要》卷六〇「御史臺」：「大中三年，以御史中丞魏謨兼戶部侍郎、判本司事。奏曰：『御史臺紀綱之地，不宜與泉貨吏雜處，乞罷中司，專綜戶部公事。』從之。」《全詩》卷五七〇李群玉《將遊荊州投魏中丞》：「貧埋病壓老巉岏，拂拭菱花不喜看。又恐無人肯青眼，事須憑仗小還丹。」按魏中丞即魏謨。據嚴耕望《唐僕尚丞郎表》，魏謨任御史中丞在大中三年（849）至大中五年（851）。

＊令狐綯　御史中丞

《舊書》卷一七二《令狐楚傳・子綯附傳》：「（大中）三年，拜中書舍人，襲封彭陽男，食邑三百戶，尋拜御史中丞。」《新書》卷一八四《馬植傳》：「中丞令狐綯援故事論救，宣宗釋不問。」

＊韋有翼　御史中丞

《舊書》卷一八下《宣宗紀》：大中三年十一月，「以刑部侍郎韋有翼爲御史中丞。」

＊鄭處誨　侍御史知雜（兼）

《舊書》卷一八下《宣宗紀》：大中三年十一月，「以刑部侍郎韋有翼爲御史中丞，以職方員外郎鄭處誨兼御史知雜。」鄭處誨爲校書郎時，撰有《明皇雜錄》兩卷行於世。

＊崔元藻　御史

《全文》卷九六八《據三司推勘吳湘獄罪狀奏（大中三年十一月御史臺）》：「揚州都虞候盧行立、劉群，於會昌二年五月十四日，於阿顏家吃酒，與阿顏母阿焦同坐。……朝廷疑其冤，差御史崔元藻往揚州按問。」

＊薛逢　侍御史

《新書》卷二〇三《文藝傳下》：「薛逢字陶臣，蒲州河東人。會昌初，擢進士第。崔鉉鎮河中，表在幕府。鉉復宰相，引爲萬年尉。直弘文館。歷侍御史、尚書郎。持論鯁切，以謀略高自標顯。」據《新書・宰相世系表》，崔鉉大中三年（849）四月入相，薛逢之入弘文館應在此稍後。薛逢在河中幕所帶憲銜或侍御史，入京即眞拜侍御史。

＊李商隱　殿中侍御史　大中三年（849）～大中五年（851）

《樊南乙集序》「（大中三年）十月，尚書范陽公以徐戎兇悍，節度闕判官，奏入幕。」薛逢《重送徐州李從事商隱》有「蓮府望高秦御史」之句，李郢《重送李商隱侍御奉使入關》也稱李商隱為「侍御」。劉學鍇《李商隱傳論》（第361～362頁）認定李商隱任監察御史銜，「此侍御定指監察御史。」事實上，李商隱既為節度判官，應帶殿中侍御史銜，才符合唐代官制。徐幕生涯結束後，李商隱於大中五年（851年）任柳仲郢幕判官，其所帶銜例由殿中侍御史升為侍御史。檢校工部員外郎，這也合乎唐代官員的升遷慣例。

唐宣宗大中四年（850）　庚午

＊封鼇　御史大夫

《舊書》卷一六八本傳：「（大中）四年，出為興元尹、御史大夫、山南西道節度使，歷左散騎常侍。」

＊魏暮　御史中丞

《舊書》卷一八下《宣宗紀》：大中四年「八月，刑部侍郎、御史中丞魏暮奏……」

＊畢諴　侍御史知雜（兼）

《舊書》卷一七七本傳：「武宗朝，宰相李德裕專政，出悰為東蜀節度。悰之故吏，莫敢餞送問訊，唯諴無所顧慮，問遺不絕。德裕怒，出諴為磁州刺史。宣宗即位，……諴入為戶部員外郎，分司東都，歷駕部員外郎、倉部郎中。……改職方郎中，兼侍御史知雜。期年。召為翰林學士、中書舍人，遷刑部侍郎。」嚴耕望《唐僕尚丞郎表》卷四考畢諴「大中六年七月七日壬申由中舍翰學遷權知刑侍，出院時階朝散。」由此逆推，其任中書舍人應在大中五年，任職方郎中，兼侍御史知雜應在大中四年。

＊李商隱　殿中侍御史

《全詩》卷五八三有溫庭筠《秋日旅舍寄義山李侍御》：「一水悠悠隔渭城，渭城風物近柴荊。……子虛何處堪消渴，試向文園問長卿。」李商隱字義山，《全詩》另有多首溫庭筠寄李商隱詩。見大中三年「李商隱」條考證。

＊李寬中　監察御史裏行

《墓誌彙編》大中〇三三《唐故硤州司馬滎陽鄭府君前夫人范陽盧氏墓誌》（彌甥監察御史裏行李寬中撰）：「夫人盧氏，……以元和五年終，……越以大中四年……四月一日祔於河南縣梓澤鄉續村鄭氏之先塋，禮也。」

＊趙璜　監察御史　殿中侍御史　大中四年（850）～六年（852）

《墓誌彙編》咸通〇二一《唐故處州刺史趙府君墓誌》（兄中大夫守衢州刺史璘撰）：「君諱璜，字祥牙，……尚書韋公損節度武昌，奏監察、殿中二御史，皆掌書記。府罷，歷京兆府戶曹大理正秘書丞。」據《唐方鎮年表》卷六，韋損大中四年（850）至六年（852）鎮武昌。

唐宣宗大中五年（851）　辛未

＊裴諗　御史大夫（兼）

《舊書》卷一七〇《裴度傳》：「裴度……有子五人，識、諝、讓、諗、議。諗，大中五年自大中大夫檢校右散騎常侍、御史大夫、宣州刺史、宣歙觀察使、上柱國、河東男、食邑三百戶，賜紫金魚袋，入朝權知刑部侍郎。」

＊魏謩　御史中丞

見大中三年「魏謩」條。

＊孫景商　御史中丞（兼）

《墓誌彙編》大中一二〇《唐故天平軍節度、鄆、曹、濮觀察處置等使、朝請大夫、檢校禮部尚書、使持節鄆州諸軍事、兼鄆州刺史、御史大夫、上柱國、賜紫金魚袋、贈兵部尚書孫府君墓誌銘並序》：「公諱景商，字安詩，樂安人也。……大中五年，今西川白丞相為京西北招討，都統諸軍以討叛羌，奏公為行軍司馬，授左庶子兼御史中丞，此紫金魚袋，並授余招討副使。……年六十四，以大中十年八月廿二日薨於鎮。」

＊李商隱　侍御史

《新書》卷二〇三《文藝傳下》：「李商隱字義山，懷州河內人。或言英國公世勣之裔孫。令狐楚帥河陽，奇其文，使與諸子游。楚徙天平、宣武，皆

表署巡官，歲具資裝使隨計。開成二年，高鍇知貢舉，令狐綯雅善鍇，獎譽甚力，故擢進士第。調弘農尉，以活獄忤觀察使孫簡，將罷去，會姚合代簡，諭使還官。又試拔萃，中選。王茂元鎮河陽，愛其才，表掌書記，以子妻之，得侍御史。茂元善李德裕，而牛、李黨人蚩謫商隱，以爲詭薄無行，共排笮之。茂元死，來遊京師，久不調。」見大中三年「李商隱」條。

＊馮緘　侍御史

《會要》卷六四「集賢院」：「大中五年正月，校理楊收逢侍御史馮緘與三院退朝入臺，收不爲之卻，乃追捕僕人怠之。」

＊李蔚　殿中侍御史　會昌末（846）～大中五年（851）

《英華》卷三九四杜牧《授李蔚侍御史盧潘殿中侍御史等制》：「敕：將仕郎守殿中侍御史李蔚……」《舊書》卷一七八《李蔚傳》，李蔚會昌末拜監察御史，大中六年除侍御史，七年以員外郎知臺雜。其任殿中侍御史應在會昌末至大中六年之間。

＊張寄　殿中侍御史　大中五年（851）前

《墓誌彙編》大中〇六一：「有唐大中五年歲次辛未十月己亥十五日癸丑，姒太原王氏以疾終於東都。……有子四人，長男曰寄，……寄前任汴州司馬兼殿中侍御史。……姒其年十一月二日葬於東都河南縣平洛鄉張陽村。」王氏葬於東都河南縣平洛鄉張陽村，此應爲其夫之故里，其夫或即張氏。

唐宣宗大中六年（852）　壬申

＊李珏　御史大夫（兼）

《舊書》卷一八下《宣宗紀》：「（大中）六年……秋七月丙辰，前淮南節度使、金紫光祿大夫、檢校尚書左僕射、兼揚州大都督府長史、御史大夫、上柱國、贊皇郡開國公、食邑一千五百戶李珏卒，贈司空。」

＊李訥　御史大夫（兼）

《舊書》卷一八下《宣宗紀》：「大中九年……十年春正月乙巳，以正議大夫、華州刺史、潼關防禦、鎮國軍等使、上柱國、隴西縣開國男、食邑二

百戶、賜紫金魚袋李訥檢校左散騎常侍，兼越州刺史、御史大夫、浙江東道都團練觀察等使。」《樊川文集》卷一八杜牧《李訥除浙東觀察使兼御史大夫制》，杜牧大中六年十一月卒，故李訥除浙東觀察使必在大中六年，《舊書》所記有誤，參繆鉞《杜牧年譜》（第 205 頁）「大中六年」。

＊南卓　御史中丞　大中六年（852）～八年（854）

《全詩》卷五八七李頻《將赴黔州先寄本府中丞》：「八月瞿塘到底翻，孤舟上得已銷魂。幕中職罷猶趨府，闕下官成未謝恩……」本府中丞，即南卓。《雲溪友議》云：「南中丞卓，吳楚遊學，後十七年為蔡牧。」據《唐方鎮年表》卷六，南卓鎮黔中在大中六年至八年。

＊薛旼　御史中丞（兼）

《墓誌彙編》大中〇七三《唐潁州潁上縣令李府君墓誌銘並序》（宣武軍節度副使朝議郎檢校尚書兵部郎中兼御史中丞柱國賜緋魚袋薛撰）：「大中六年八月廿一日，潁州潁上縣令隴西李公諱公度，……終於官舍。」

＊李蔚　侍御史　大中五年（851）～大中六年（852）

《英華》卷三九四杜牧《授李蔚侍御史盧潘殿中侍御史等制》：「敕：將仕郎、守殿中侍御史李蔚，劍南西川節度判官、朝議郎、檢校尚書禮部員外郎、檢校御史、上柱國、賜緋魚袋盧潘等，夫法不立而化行，惡不去而善進，雖使堯舜在上未之有也。故御史之舉職者，前代有埋輪都亭之奏，國朝亦有戴豸正殿之劾。若非端勁知名之士，不在斯選。蔚以文行進用，已著勞效；潘以儒雅流聞，今膺拔擢……」據杜牧大中五年冬至大中六年冬任考功郎中、知制誥、中書舍人，杜牧官制文書應作於此期，參繆鉞《杜牧年譜》。

＊盧潘　殿中侍御史　大中五年（851）～大中六年（852）

《英華》卷三九四杜牧《授李蔚侍御史盧潘殿中侍御史等制》：「敕：將仕郎、守殿中侍御史李蔚，劍南西川節度判官、朝議郎、檢校尚書禮部員外郎、檢校御史、上柱國、賜緋魚袋盧潘等……」杜牧大中五年冬至大中六年冬任考功郎中、知制誥、中書舍人，杜牧官制文書應作於此期，參繆鉞《杜牧年譜》。

＊崔元範　監察御史　大中六年（852）～大中九年（855）

《雲溪友議》卷上：「李尙書訥夜登越城樓，……時察院崔侍御元範，自幕府而拜，即赴闕廷。李公連夕餞崔君於鏡湖光侯亭，屢命小蔡歌餞，在座各爲一絕句贈送之。……《聽盛小蔡歌送崔侍御浙東廉使》李訥：『繡衣奔命去情多，南國佳人收斂翠蛾。……』」《全詩》卷五六三李訥《命妓盛小叢歌餞崔侍御還闕》，同卷有楊知至《和李尙書命妓歌餞崔侍御》。卷五六六盧鄴《和李尙書命妓餞崔侍御》，封彥卿《和李尙書命妓餞崔侍御》。崔侍御，即崔元範。據《唐方鎮年表》卷五及孔延之《會稽掇英總集》卷一八，李訥大中六年（852 年）至大中九年（855 年）任浙東觀察使，崔入拜監察御史當在此間。

＊馮審中　監察御史（兼）

《墓誌彙編》大中〇六九《唐故河東節度押衙、銀青光祿大夫、前朗州司馬、檢校國子祭酒、兼監察御史、上柱國、馮府君墓誌銘並序》：「君……姓馮氏，諱審中，字堯夫。……授予寧陵縣丞，尋遷朗州司馬，俄授河東武幕，因馳騎獻討黨羌捷書，恩加監察御史。……以大中六年七月九日，終於河東旅舍。」

唐宣宗大中七年（853）　癸酉

＊鄭朗　御史大夫

《舊書》卷一八下《宣宗紀》：「（大中）七年……四月，以御史大夫鄭朗爲中書侍郎、同平章事。」

＊盧緘　殿中侍御史　大中七年（853）～八年（854）

《墓誌彙編》大中一二八《有唐盧氏故崔夫人墓銘並序》（劍南西川節度判官朝議郎檢校尙書駕部郎中兼侍御史柱國賜緋魚袋盧緘撰）：「夫人……祖諱積，皇檢校尙書、金部郎中、兼侍御史，贈太尉。……當大和甲寅歲之除日，獲親迎於長安長興里夫人之私第。……後數歲，緘登進士第，補官麟閣，佐戎商州防禦使，授予涇陽尉，爲版圖巡職，奏許昌荊南記室從事官，轉協律評事，再爲使銜御史，升朝拜殿中侍御史、轉侍御史，尙書度官員外郎。……夫人……歿於大中丁丑歲。」《墓誌》云大和甲寅歲，親迎於長安

長興里夫人之私第，後數歲，緘登進士第。大和甲寅歲即大和八年（839），其任殿中侍御史約在大中七年（853）至八年（854）。

＊崔元範　監察御史裏行

《墓誌彙編》大中○八○《唐故汴州雍丘縣尉、清河崔府君夫人范陽盧氏合祔墓誌銘兼序》（堂猶子儒林郎監察御史裏行元範撰）：「夫人以大中六年正月十五日歿於私舍，……嗣取大中七年十月四日窆於縣城之西南。」

＊華　監察御史（兼）

《墓誌彙編》大中○八二《前忠武軍節度押衙兼馬軍左廂都兵馬使子城都虞侯銀青光祿大夫檢校太子詹事兼監察御史上柱國平原華公妻清河張夫人墓誌銘並序》：「華公本江西之人也，……因許昌罷職，……遂與之俱遊，夫人素有宿疾，……以大中七年十月十三日窆於河南府洛陽縣清風鄉大陽村，禮也。」

唐宣宗大中八年（854）甲戌

＊蘇滌　御史大夫（兼）

《舊書》卷一八下《宣宗紀》：「（大中）八年……五月，……以戶部侍郎、翰林學士承旨、上柱國、武功縣開國子、食邑三百戶蘇滌檢校兵部尙書，兼江陵尹、御史大夫，充荊南節度管內觀察處置等使。」

＊鄭助　御史大夫（兼）

《舊書》卷一八下《宣宗紀》：「（大中）八年……八月，以司農卿鄭助爲檢校左散騎常侍，兼夏州刺史、御史大夫、上柱國、滎陽縣開國男、食邑三百戶、夏綏銀宥等州節度營田觀察處置押蕃落安撫平夏党項等使。」

＊于興宗　御史中丞

《全詩》卷五三五許渾《酬綿州于中丞使君見寄》：「故人書信越褒斜，新意雖多舊約賒。皆就一麾先去國，共謀三徑未還家，荊巫夜隔巴西月，鄠郢春連漢上花。半月離居猶悵望，可堪垂白各天涯。」按于中丞，即于興宗，時任綿州刺史。據譚優學《許渾行年考》，許渾大中七年底或八年初在郢州，「荊巫夜隔巴西月，鄠郢春連漢上花。」知此詩爲許渾大中八年在郢州作。

又《全詩》卷五六四李汶儒《和綿州于中丞登越王樓作》、同書同卷李朋《奉酬綿州中丞以江山小圖遠垂賜及兼寄詩》、楊牢五六四《奉酬于中丞登越王樓見寄之什》、田章《和于中丞夏抄登越王樓望雪山見寄》、薛蒙《和綿州于中丞登越王樓作》、卷五六四王嚴《和于中丞登越王樓》，于中丞，均爲于興宗。

＊崔準　御史中丞（兼）

《墓誌彙編》大中〇九〇《□□□□使持節曹州諸軍事守曹州刺史賜紫金魚袋清河崔府君墓誌銘並序》：「府君諱翬，字遐舉，清河東武城人。……詔除檢校大□少卿兼御史中丞，充義昌軍節度副使，仍賜銀龜朱紱。……又轉檢校左庶子兼御史中丞。……徵召膳部郎中，……除曹州刺史，……以大中八年十月既望□疾，……至十一月十二日告終於濟陰之官舍，享齡六十有八。……季弟荊南節度副使兼中丞準，……即以明年乙亥二月……附藏於洛陽縣平陰鄉陶村之原。」

＊李嶧　殿中侍御史（兼）

《墓誌彙編》大中〇九〇《□□□□使持節曹州諸軍事、守曹州刺史、賜紫金魚袋清河崔府君墓誌銘並序》：「府君諱翬，字遐舉，清河東武城人。……詔除檢校大□少卿兼御史中丞，充義昌軍節度副使，仍賜銀龜朱紱。……又轉檢校左庶子兼御史中丞。……徵召膳部郎中，……除曹州刺史，……以大中八年十月既望□疾，……至十一月十二日告終於濟陰之官舍，享齡六十有八。……別女一人，適今揚州支使殿中侍御史李嶧。……季弟荊南節度副使兼中丞準，……即以明年乙亥二月……附藏於洛陽縣平陰鄉陶村之原。」

唐宣宗大中九年（855）乙亥

＊裴休　御史大夫（兼）

《舊書》卷一八下《宣宗紀》：「大中九年……二月，中書侍郎，兼禮部尚書、同平章事裴休檢校吏部尚書，兼汴州刺史、御史大夫，充宣武軍節度使、汴宋亳潁觀察處置等使。」

＊鄭涯　御史大夫（兼）

《舊書》卷一八下《宣宗紀》：「大中九年……三月，……以吏部侍郎鄭涯檢校禮部尚書，兼定州刺史、御史大夫，充義武軍節度、易定州觀察處置、北平軍等使。」《全文》卷七九《授鄭涯義武軍節度使制》：「……銀青光祿大夫守太子賓客分司東都上柱國滎陽縣開國男食邑三百戶鄭涯，……可檢校禮部尚書、使持節定州諸軍事、兼定州刺史、御史大夫、充義武軍節度、易定等州觀察處置北平軍等使，散官勳封如故。」

＊鄭涓　御史大夫（兼）

《舊書》卷一八下《宣宗紀》：「大中九年……九月，昭義節度使、檢校禮部尚書，兼潞州大都督府長史、御史大夫、上柱國、賜紫金魚袋鄭涓檢校刑部尚書、太原尹、北都留守、御史大夫，充河東節度、管內觀察處置等使。」

＊劉瑑　御史大夫（兼）

《舊書》卷一八下《宣宗紀》：「大中九年……十一月，以河南尹劉瑑檢校工部尚書、汴州刺史、兼御史大夫，充宣武軍節度、宋亳汴潁觀察處置等使。」

＊王紹鼎　御史大夫（兼）　大中九年（855）～十一年（857）

《墓誌彙編》大中○九六《唐故成德軍節度、鎮冀、深、趙等州觀察處置等使、光祿大夫、檢校司徒、兼太傅同中書門下平章事、兼鎮州大都督府長史、駙馬都尉、上柱國、太原郡開國公、食邑兩千戶、食實封兩百戶贈太師王公墓誌銘並序》（故吏節度掌書記、承議郎、監察御史裏行、賞紫金魚袋黃建撰，故吏節度推官、文林郎、試大理評事、兼監察御史、賞緋銀魚袋睦察書並篆）：「維大中八年……十二月……太原王公薨於位。……公諱元逵，字茂遠。……以大中八年十二月四日棄邦國萬人而薨背，十年冊有三。……有子三人：伯曰紹鼎，起復成德軍節度、鎮冀、深、趙等州觀察處置等使，雲麾將軍、守左金吾衛大將軍員外置同正員，檢校兵部尚書兼鎮州大都督府長史、御史大夫；……大中九年八月十四日庚寅，定封於鎮府壽陽崗。」王紹鼎大中十一年（857）卒。

＊王紹懿　御史中丞（兼）

《墓誌彙編》大中○九六《唐故成德軍節度、鎮冀、深、趙等州觀察處置等使、光祿大夫、檢校司徒、兼太傅同中書門下平章事、兼鎮州大都督府

長史、駙馬都尉、上柱國、太原郡開國公、食邑兩千戶、食實封兩百戶贈太師王公墓誌銘並序》（故吏節度掌書記、承議郎、監察御史裏行、賞紫金魚袋黃建撰，故吏節度推官、文林郎、試大理評事、兼監察御史、賞緋銀魚袋睸察書並篆）：「維大中八年……十二月……太原王公薨於位。……公諱元逵，字茂遠。……以大中八年十二月四日棄邦國萬人而薨背，十年冊有三。……有子三人：……季曰紹懿，御史中丞、深州刺史。……大中九年八月十四日庚寅，定封於鎮府壽陽崗。」

＊盧緘　侍御史（兼）

《墓誌彙編》大中一二八《有唐盧氏故崔夫人墓銘並序》（劍南西川節度判官朝議郎檢校尚書駕部郎中兼侍御史柱國賜緋魚袋盧緘撰）：「夫人……祖諱積，皇檢校尚書、金部郎中兼侍御史，贈太尉。……當大和甲寅歲之除日，獲親迎於長安長興里夫人之私第。……後數歲，緘登進士第，補官麟閣，佐戎商州防禦使，授予涇陽尉，爲版圖巡職，奏許昌荊南記室從事官，轉協律評事，再爲使衛御史，升朝拜殿中侍御史、轉侍御史，尚書度官員外郎。……夫人……歿於大中丁丑歲。」據《墓誌》，盧緘任殿中侍御史約在大中七年（853）至八年（854），其轉侍御史約在大中九年（855）。

＊張勤　侍御史內供奉

《墓誌彙編》大中〇九九《唐安定張氏亡女墓誌銘並序》（父勤撰）：「我之得姓，係自安定。有女曰嬰，……侍御史內供奉勤之女，……大中……九年……七月十四日，蒼卒遇疾，……甲子二十二春矣。」

＊高瀚　侍御史（兼）

《墓誌彙編》大中一〇五《唐故朝議郎河南府壽安縣令賜緋魚袋渤海高府君墓誌銘並序》：「府君諱瀚，字子至，渤海蓚人也。……今秘監楊公代鎮，復以本官奏充舊職，轉檢校尚書外郎兼侍御史。無幾，奏爲節度副使。……府除，拜殿中侍御史。……大中十年四月七日暴卒於任，春秋二十有八。」楊漢公任荊南節度使在大中五年（851）至八年（854），高瀚轉檢校尚書外郎兼侍御史在此期間。《墓誌》云「府除，拜殿中侍御史」，疑錄文誤。

＊馮顥　監察御史

《舊書》卷一八下《宣宗紀》：「大中九年……三月，試宏詞舉人，漏泄

題目，爲御史臺所劾，侍郎裴諗改國子祭酒，郎中周敬復罰兩月俸料，考試官刑部郎中唐枝出爲處州刺史，監察御史馮顓罰一月俸料。」

＊孫向　監察御史（兼）

《墓誌彙編》大中〇九二《唐故鄉貢進士孫府君墓誌》（父前試大理評事兼監察御史孫向撰）：「府君諱俐，字可器，……以大中九年四月廿四日謝於東都河南縣……」又見《墓誌彙編》大中〇九五《唐前試大理評事兼監察御史孫公亡妻隴西李氏墓誌銘並序》。

＊黃建　監察御史裏行

《墓誌彙編》大中〇九六《唐故成德軍節度、鎮冀、深、趙等州觀察處置等使、光祿大夫、檢校司徒、兼太傅同中書門下平章事、兼鎮州大都督府長史、駙馬都尉、上柱國、太原郡開國公、食邑兩千戶、食實封兩百戶贈太師王公墓誌銘並序》（故吏節度掌書記、承議郎、監察御史裏行、賞紫金魚袋黃建撰……）：「維大中八年……十二月……太原王公薨於位。……公諱元逵，字茂遠。……以大中八年十二月四日棄邦國萬人而薨背，十年冊有三。……大中九年八月十四日庚寅，定封於鎮府壽陽崗。」

＊睦察　監察御史（兼）

《墓誌彙編》大中〇九六《唐唐故成德軍節度、鎮冀、深、趙等州觀察處置等使、光祿大夫、檢校司徒、兼太傅同中書門下平章事、兼鎮州大都督府長史、駙馬都尉、上柱國、太原郡開國公、食邑兩千戶、食實封兩百戶贈太師王公墓誌銘並序》（……故吏節度推官、文林郎、試大理評事、兼監察御史、賞緋銀魚袋睦察書並篆）：「維大中八年……十二月……太原王公薨於位。……公諱元逵，字茂遠。……以大中八年十二月四日棄邦國萬人而薨背，十年冊有三。……大中九年八月十四日庚寅，定封於鎮府壽陽崗。」

唐宣宗大中十年（856）丙子

＊裴休　御史大夫（兼）

《舊書》卷一七七《裴休傳》：「父肅。肅，貞元中自常州刺史兼御史中丞、越州刺史、浙東團練觀察等使。肅生三子，儔、休、俅。皆登進士第。

休，志操堅正，……大和初，歷諸藩辟召，入爲監察御史、右補闕、史館修撰。……大中……十年，罷相，檢校戶部尚書、汴州刺史、御史大夫，充宣武軍節度使。……十一年多，檢校戶部尚書、潞州大都督府長史、御史大夫，充昭義節度、潞磁邢洺觀察使。」

＊鄭朗　御史大夫

《新書》卷八《宣宗紀》：「大中十年正月丁巳，御史大夫鄭朗爲工部尚書、同中書門下平章事。」《新書》卷六三《宰相表下》：「大中十年正月丁巳，御史大夫鄭朗守工部尚書、同中書門下平章事。」《舊書》卷一七三《鄭覃傳·弟朗附傳》：「出爲華州刺史，入爲御史中丞、戶部侍郎，判本司事。……遷御史大夫，改禮部尚書，以本官同平章事，加中書侍郎、集賢殿大學士，修國史。」《全文》卷七九《除鄭朗工部尚書同平章事制》：「……通議大夫守御史大夫上柱國賜紫金魚袋鄭朗，……可工部尚書同中書門下平章事，散官勳賜如故。」

＊畢諴　御史大夫（兼）

《舊書》卷一八下《宣宗紀》：大中十年「十月，以邠寧慶節度使、檢校禮部尚書、邠州刺史、上柱國、賜紫金魚袋畢諴爲檢校兵部尚書、潞州大都督府長史、御史大夫，充昭義節度副大使、知節度使、潞邢洺等州觀察使。」《全文》卷七八宣宗《授畢諴昭義節度使制》：「邠寧鹽慶武等州節度、管內營田觀察處置、兼充慶州南路救接鹽州及當道、沿途鎮寨糧料等使、朝散大夫檢校工部尚書、使持節寧州諸軍事、兼寧州刺史御史大夫、上柱國、平陰縣開國男、食邑三百戶賜紫金魚袋畢諴，……抱不器之才，懷盡忠之節。……可檢校兵部尚書兼潞州大都督府長史御史大夫充昭義節度副大使知節度事充潞慈邢洺等州觀察處置等使，散官勳賜如故。」

＊孫景商　御史大夫（兼）

《墓誌彙編》大中一二○《唐故天平軍節度、鄆、曹、濮觀察處置等使、朝請大夫、檢校禮部尚書、使持節鄆州諸軍事、兼鄆州刺史、御史大夫、上柱國、賜紫金魚袋、贈兵部尚書孫府君墓誌銘並序》：「公諱景商，字安詩，樂安人也。……出拜天平軍節度、鄆曹濮觀察等使、檢校禮部尚書、兼御史大夫。……年六十四，以大中十年八月廿二日薨於鎮。」又《墓誌彙編》會昌○○四《唐故河南洛陽縣尉孫府君墓誌銘並序》：「洛陽縣尉孫君備……烈考

故天平軍節度使檢校禮部尚書贈兵部尚書諱景商，君其嫡長子也。」吳廷燮《唐方鎮年表》考孫景商大中十一年「出拜天平軍節度、鄆曹濮觀察等使、檢校禮部尚書、兼御史大夫」，誤，應爲本年。

＊崔璵　御史大夫（兼）　大中十年（856）～十三年（859）

《全文》卷八三《授徐商崔璵節度使制》：「河中晉絳慈隰等州節度觀察處置等使、正議大夫、檢校戶部尚書、兼河中尹、御史大夫、上柱國、東莞縣開國子、食邑五百戶賜紫金魚袋徐商，……前宣州都團練觀察處置等使、正議大夫、檢校禮部尚書、兼宣州刺史、御史大夫、上柱國、博陵縣開國子、食邑五百戶、賜紫金魚袋崔璵，……商可檢校戶部尚書、兼襄州刺史、御史大夫、充山南東道節度管內觀察處置等使，璵可檢校禮部尚書、兼河中尹、御史大夫、充河中晉降慈隰等州節度觀察處置等使，散官勳封如故。」

＊徐商　御史大夫（兼）　大中十年（856）～十四年（860）

《全文》卷七二四李騭《徐襄州碑》：「大中十年春，今丞相東海公自蒲移鎮於襄，四十年（據《岑記》，應爲『十四年』。筆者注）詔微赴闕。」又《全文》卷八三懿宗《授徐商崔璵節度使制》：「河中晉絳慈隰等州節度觀察處置等使、正議大夫、檢校戶部尚書、兼河中尹、御史大夫、上柱國、東莞縣開國子、食邑五百戶賜紫金魚袋徐商，……前宣州都團練觀察處置等使、正議大夫、檢校禮部尚書、兼宣州刺史、御史大夫、上柱國、博陵縣開國子、食邑五百戶、賜紫金魚袋崔璵，……商可檢校戶部尚書、兼襄州刺史、御史大夫、充山南東道節度管內觀察處置等使，璵可檢校禮部尚書、兼河中尹、御史大夫、充河中晉降慈隰等州節度觀察處置等使，散官勳封如故。」《唐詩記事》卷五八：「尚書東苑公鎮襄陽，（段）成式、（溫）庭皓、（韋）蟾皆其從事，上元唱和詩各三篇。」宣宗大中十年（856 年）至十四年（860 年），徐商鎮襄陽，段成式、溫庭筠從其遊，後段成式編這些唱和詩爲《漢上題襟解》。參夏承燾《唐宋詞人年譜》（406～408 頁）之《溫飛卿繫年》。

＊李騭　御史中丞（兼）　大中十年（856）～十四年（860）

《全文》卷七二四《題惠山寺詩序》末云「咸通十年二月一日，江南西道都團練觀察處置等使、中散大夫、檢校左散騎常侍、使持節都督洪州諸軍事、兼洪州刺史、御史中丞、上柱國、賜紫金魚袋李騭題記。」咸通十年春，

李騭轉任徐商幕副使。《全詩》卷五八三溫庭筠《送襄州李中丞赴從事》：「漢庭文采有相如，天子通宵愛子虛。……江雨瀟瀟帆一片，此行誰道爲鱸魚。」李中丞，或即李騭。

*元繇　御史中丞（兼）　大中十年（856）～十四年（860）

《唐詩紀事》卷五四：「襄陽中堂賞花，（周）繇與妓人戲語，成式嘲之曰：『鶯裏花前選孟光，東山遯客酒初狂。素娥畢竟難防備，燒得河車莫遣嘗。』」此詩《全詩》卷五八四作《嘲元中丞》（一作《襄陽中堂賞花爲憲與妓人戲語潮之》），《萬首唐人絕句》亦作《《嘲元中丞》。又周繇，字允元，咸通十三年（872年）登進士第，授校書郎，不可能於大中末任御史中丞。「周繇」應爲「元繇」之誤。

*李庾　殿中侍御史（東都留臺）

《墓誌彙編》大中一一五《唐故萬年縣尉直弘文館李君墓誌銘》（再從叔朝議郎行殿中侍御史分司東都庾撰並書）：「庾季父程，……畫即其孫也。……大中十年夏六月，將葬於先人之殯側。」

*陳諭　殿中侍御史（兼）

《墓誌彙編》大中一三三《唐故權知忻州長史、銀青光祿大夫、檢校太子賓客、兼殿中侍御史、潁川郡陳公墓誌》：「公諱諭，字子明，其先潁川郡人也。曾祖易州刺史兼御史大夫；……祖楚，河陽軍節度使、檢校左僕射兼御史大夫，贈太子太保。……父賞，易武軍節度使、檢校右僕射兼御史大夫，贈太子少保。……公……大中十年三月四日終於上都私第，享年卅三。」

*王傳　監察御史

《唐詩紀事》卷四八：「商鎮襄陽，有副使節判同加章綬，觀察判官將仕郎監察御史王傳和云：『朱紫聯輝照日新，芳菲全屬斷金人。華筵重處宗盟地，白雪飛時郢曲春。……』」

*丁居立　監察御史

《墓誌彙編》大中一一一《唐故鄂州司士參軍支府君墓誌銘並序》（將仕郎守監察御史丁居立纂）：「公諱叔向，……弟訥……以大中十年五月十八日卜宅於河南府河南縣平樂鄉北邙原從祔葬，禮也。」

唐宣宗大中十一年（857） 丁丑

*韋澳　御史大夫（兼）

《舊書》卷一八下《宣宗紀》：「（大中）十一年春正月，……以朝散大夫、守京兆尹、上柱國、扶風縣開國男、食邑三百戶、賜紫金魚袋韋澳檢校工部尚書、孟州刺史、御史大夫，充河陽三城節度、孟懷澤觀處置等使。」

*李景讓　御史大夫

《舊書》卷一八下《宣宗紀》：「（大中）十一年春正月，以銀青光祿大夫、守吏部尚書、上柱國、酒泉縣開國男、食邑三百戶李景讓爲御史大夫。」《舊書》卷一八七《忠義傳下·李景讓傳》：「（大中）十一年，轉御史大夫。」

*鄭助　御史大夫（兼）

《舊書》卷一八下《宣宗紀》：大中十一年「二月，以夏綏銀宥節度使、通議大夫、檢校左散騎常侍、夏州刺史、御史大夫、上柱國、滎陽縣開國男、食邑三百戶、賜紫金魚袋鄭助爲檢校工部尚書、邠州刺史，充邠寧慶節度、管內營田觀察處置，兼充慶州南路救援、監州及當道沿路鎮寨糧料等使。」

*蘇滌　御史大夫（兼）

《舊書》卷一八下《宣宗紀》：大中十一年「二月，……以荊南節度使、銀青光祿大夫、檢校兵部尚書、兼江陵尹、御史大夫、上柱國、武功郡開國男、食邑三百戶蘇滌爲太常卿。」

*王紹懿　御史大夫（兼）

《舊書》卷一八下《宣宗紀》：大中十一年「三月，起復朝請大夫、深州刺史、御史大夫，兼成德軍節度判官王紹懿可檢校左散騎常侍、鎮府左司馬、知府事，充成德軍節度副使，兼充都知兵馬使。……十月，……以成德軍觀察留後、御史中丞、賜紫金魚袋王紹懿檢校工部尚書，兼鎮州大都督府長史、御史大夫，充成德軍節度、鎮冀深趙觀察使等。」《舊書》卷一四二《王廷湊傳·附紹懿傳》：「（王廷湊子……元逵，元逵子紹鼎、紹懿），紹鼎卒，宣宗……以紹鼎弟節度副使、都知兵馬使、檢校右散騎常侍、鎮府左司馬、知府事、兼御史中丞王紹懿，本官充成德軍節度觀察留後，仍賜紫金魚袋。……累加檢校右僕射、兼御史大夫、太原縣開國伯，食邑七百戶，又加

檢校司空。」

＊盧懿　御史大夫（兼）

《舊書》卷一八下《宣宗紀》：大中十一年「四月，……以吏部侍郎盧懿檢校工部部尙書，兼鳳翔尹、御史大夫、鳳翔隴右節度使。」

＊杜悰　御史大夫（兼）

《舊書》卷一八下《宣宗紀》：大中十一年六月，「以特進、檢校司空、兼太子太傅分司東都、上柱國、扶風郡開國公、食邑二千戶杜悰本官判東都尙書省、兼御史大夫、充東都留守、東畿汝都防禦使。」

＊盧簡求　御史大夫（兼）

《舊書》卷一八下《宣宗紀》：大中十一年「八月，……以四鎭北庭行軍、涇原渭武節度使、銀靑光祿大夫、檢校右散騎常侍、涇州刺史、御史大夫、上柱國、范陽縣開國男、食邑三百戶盧簡求可檢校工部尙書、定州刺史、義武節度使、易定觀察、北都天平軍等使。」《舊書》卷一六三《盧簡辭傳‧弟簡求附傳》：「（大中）十一年，遷檢校工部尙書、定州刺史、御史大夫、義武軍節度、北平軍等使。」

＊杜審權　御史大夫（兼）

《舊書》卷一八下《宣宗紀》：大中十一年「九月，……以中散大夫、尙書禮部侍郎、上柱國、賜紫金魚袋杜審權爲陝州大都督府長史、兼御史大夫、陝虢都防禦觀察處置等使。」

＊裴休　御史大夫（兼）

《舊書》卷一七七《裴休傳》：「父肅。肅，貞元中自常州刺史兼御史中丞、越州刺史、浙東團練觀察等使。肅生三子，儔、休、俅。皆登進士第。休，志操堅正，……大和初，歷諸藩辟召，入爲監察御史、右補闕、史館修撰。……大中……十一年多，檢校戶部尙書、潞州大都督府長史、御史大夫，充昭義節度、潞磁邢洺觀察使。」

＊鄭光　御史大夫（兼）

《舊書》卷一八下《宣宗紀》：大中十一年「十一月，……銀靑光祿大夫、

檢校尚書左僕射、兼太子太保、充右羽林統軍、御史大夫、上柱國、滎陽縣開國男、食邑三百戶鄭光卒，輟朝三日，贈司徒，仍令百官奉慰，上之元舅也。」

＊柳仲郢　御史大夫（兼）

《舊書》卷一八下《宣宗紀》：大中十一年十二月，「以正議大夫，行尚書兵部侍郎、上柱國、河東縣開國男、食邑三百戶、賜紫金魚袋柳仲郢本官兼御史大夫，充諸道監鐵轉運使。」

＊蔣系　御史大夫（兼）

《舊書》卷一八下《宣宗紀》：大中十一年十二月，「以中散大夫、權知刑部尚書、上柱國、賜紫金魚袋蔣系檢校戶部尚書、鳳翔尹、御史大夫、鳳翔隴右節度觀察處置等使。」

＊李儉　御史大夫（攝）

《墓誌彙編》大中十一年《故幽州大都督府兵曹參軍陳君墓誌銘並序》（幽州押奚契丹兩番副使、中散大夫、檢校秘書少監、攝御史大夫、上柱國、賜紫金魚袋漁陽李儉撰）：「皇唐甲子四周，歲在丁丑，夏四月甲戌，陳君歿於府城之肅慎里。」

《墓誌》云「皇唐甲子四周，歲在丁丑」，即大中十一年。

＊李業　御史大夫（兼）

《墓誌彙編》大中一三一《唐故鄉貢進士隴西李君墓誌銘》（親兄天平軍節度使、朝請大夫、檢校兵部尚書、兼御史大夫、賜紫金魚袋業撰）：「君眈，字遐威，景皇帝七代孫。……次兄存直，……官至御史大夫汾州長史。……弟櫃，侍御史。……取大中十一年歲次丁丑五月丁酉朔，廿四日庚申，卜兆吉辰。」

＊李存直　御史大夫（兼）

《墓誌彙編》大中一三一《唐故鄉貢進士隴西李君墓誌銘》（親兄天平軍節度使、朝請大夫、檢校兵部尚書、兼御史大夫、賜紫金魚袋業撰）：「君眈，字遐威，景皇帝七代孫。……次兄存直，……官至御史大夫汾州長史。……弟櫃，侍御史。……取大中十一年歲次丁丑五月丁酉朔，廿四日庚申，卜兆吉辰。」

＊張毅夫　御史中丞（兼）

《舊書》卷一八下《宣宗紀》：大中十一年「四月，……以江西觀察使、洪州刺史、御史中丞、上柱國、賜紫金魚袋張毅夫爲京兆尹。」

＊宋涯　御史中丞（兼）

《舊書》卷一八下《宣宗紀》：大中十一年「四月，……以安南宣慰使、右千牛衛大將軍宋涯爲安南都護、御史中丞、本管經略招討處置等使。」《全文》卷八一一《遣宋涯宣慰安南邕管敕》：「……銀青光祿大夫檢校太子賓客兼右千牛衛大將軍侍御史上柱國宋涯，……守本官兼御史中丞充安南邕管等道宣慰使。」

＊鄭憲　御史中丞（兼）

《舊書》卷一八下《宣宗紀》：大中十一年「四月，……以中書舍人鄭憲爲洪州刺史、御史中丞、江南西道都團練觀察處置待使，仍賜紫金魚袋。」

＊張允中　御史中丞（兼）

《舊書》卷一八下《宣宗紀》：大中十一年「四月，……以幽州節度使張允伸弟允中爲荊州刺史，允千檀州刺史，允辛安塞軍使，允舉納降軍使，併兼御史中丞。」

＊張允千　御史中丞（兼）

見本年「張允中」條。

＊張允辛　御史中丞（兼）

見本年「張允中」條。

＊張允舉　御史中丞（兼）

見本年「張允中」條。

＊張簡眞　御史中丞

《舊書》卷一八下《宣宗紀》：「（大中）十一年……十二月，以幽州中軍使、檢校國子祭酒、幽府左司馬、知府事、御史中丞張簡眞檢校右散騎常侍，允伸之子也。」

＊夏侯孜　御史中丞（兼）

《舊書》卷一八下《宣宗紀》：「（大中）十一年春正月，……以朝請大夫、守御史中丞，兼尚書右丞、上柱國、賜紫金魚袋夏侯孜爲戶部侍郎、判戶部事。」《舊書》卷一七七本傳：「夏侯孜字好學，寶曆二年登進士第。……（大中）十一年，兼御史中丞，遷尚書右丞、上柱國，賜紫金魚袋。」

＊李櫃　侍御史

《墓誌彙編》大中一三一《唐故鄉貢進士隴西李君墓誌銘》（親兄天平軍節度使朝請大夫檢校兵部尚書兼御史大夫賜紫金魚袋業撰）：「君眈，字遐威，景皇帝七代孫。……次兄存直，……官至御史大夫汾州長史。……弟櫃，侍御史。……取大中十一年歲次丁丑五月丁酉朔，廿四日庚申，卜兆吉辰。」

＊盧緘　侍御史（兼）

《墓誌彙編》大中一二八《有唐盧氏故崔夫人墓銘並序》（劍南西川節度判官、朝議郎、檢校尚書駕部郎中、兼侍御史上柱國賜緋魚袋盧緘撰）：「夫人……祖諱積，皇檢校尚書、金部郎中、兼侍御史，贈太尉。……當大和甲寅歲之除日，獲親迎於長安長興里夫人之私第。……夫人……歿於大中丁丑歲，……緘於夫人既歿之二十日，方授相國鉅鹿魏公蜀川奏署之命。」

＊宋涯　侍御史

《全文》卷八一《遣宋涯宣慰安南邕管敕》：「……銀青光祿大夫檢校太子賓客兼右千牛衛大將軍侍御史上柱國宋涯，……守本官兼御史中丞充安南邕管等道宣慰使。」

＊孫玉汝　侍御史

《新書》卷一七七《李景讓傳》：「李景讓字後己，……性方毅有守。寶曆初，遷右拾遺。……入爲尚書左丞，拜天平節度使。……大中中，進御史大夫，甫視事，劾免侍御史孫玉汝、監察御史盧栯，威肅當朝。」據《舊書》卷一八下《宣宗紀》：「（大中）十一年春正月，以……李景讓爲御史大夫。」其免侍御史孫玉汝在本年。

＊王景胤　殿中侍御史（兼）　三月後

《舊書》卷一四二《王廷湊傳・紹鼎子景胤附傳》：「景胤，初爲成德軍

中軍兵馬使、銀青光祿大夫、檢校太子賓客、監察御史。紹鼎卒，出爲深州刺史、兼殿中侍御史，充本州團練守捉使。」王紹鼎大中十一年七月卒，《舊書》卷一四二云「紹鼎卒，出爲深州刺史、兼殿中侍御史」，或記不確。

＊王景胤　監察御史　三月前

《舊書》卷一八下《宣宗紀》：大中十一年「三月，……以成德軍中軍兵馬使、銀青光祿大夫、檢校太子賓客、兼監察御史、上柱國王景胤可本官、深州刺史、本州團練守捉使。」《舊書》卷一四二《王廷湊傳・紹鼎子景胤附傳》：「景胤，初爲成德軍中軍兵馬使、銀青光祿大夫、檢校太子賓客、監察御史。紹鼎卒，出爲深州刺史、兼殿中侍御史，充本州團練守捉使。」

＊盧栒　監察御史

《新書》卷一七七《李景讓傳》：「李景讓字後己，……性方毅有守。寶曆初，遷右拾遺。……入爲尚書左丞，拜天平節度使。……大中中，進御史大夫，甫視事，劾免侍御史孫玉汝、監察御史盧栒，威肅當朝。」據《舊書》卷一八下《宣宗紀》：「（大中）十一年春正月，以……李景讓爲御史大夫。」其免監察御史盧栒在本年。

＊王覿　監察御史

《東觀奏記》卷下：「景讓爲御史大夫，視事之日，以侍御史孫玉汝、監察御史盧狷、王覿不稱職，請移他官。」

＊王筠　監察御史（兼）　大中十一年（857）～咸通五年（864）

《墓誌彙編續集》咸通○六三《唐□南山□□駕使兼□雲麾將軍□□翊壹府□將兼監察御史上柱國上黨郡開國男食邑三百戶包府君墓誌銘並序》：「君諱筠，字聳亭，其先徙於長安，……府君弱冠趨仕，……大和……八年，授散副將，……不越一周，以充正將。……後以開成五年……累職至散兵馬使兼押衙。……大中十一年五月中，……擢授南山鎮遏使，分憂內鎮，位處雲麾。……至咸通五年中罷替歸勤，續蒙獎飾。……以九年閏十二月廿六日薨，……享年六十有九。」

唐宣宗大中十二年（858）戊寅

＊崔愼由　御史大夫（兼）

《舊書》卷一八下《宣宗紀》：大中十二年春正月，「以太中大夫、守中書侍郎、兼禮部尚書、同平章事、監修國史、上柱國、賜紫金魚袋崔愼由檢校禮部尚書、梓州刺史、御史大夫、劍南東川節度副大使、知節度事，代韋有翼。」《舊書》卷一七七本傳：「大和初擢進士第，又登賢良方正制科。……大中初入朝，爲右拾遺。……（大中）十二年二月詔曰：「太中大夫、中書侍郎、兼禮部尚書、同中書門下平章事、監修國史、上柱國、賜紫金魚袋崔愼由，繼美德門，承家貴位，搢紳偉望，禮樂上流。挺松筠之貞姿，服蘭蓀之懿行。……可檢校禮部尚書、梓州刺史、兼御史大夫、劍南東川節度使。」《全文》卷八○《授崔愼由劍南東川節度使制》：「……太中大夫、守中書侍郎、兼禮部尚書、同中書門下平章事、監修國史、上柱國、賜紫金魚袋崔愼由，……可檢校禮部尚書、使持節梓州諸軍事、兼梓州刺史、御史大夫、充劍南東川節度副大使、知節度事管內觀察處置等使。」

＊李弘甫　御史大夫（兼）

《舊書》卷一八下《宣宗紀》：大中十二年春正月，「以安南本管經略招討處置使、朝散大夫、檢校左散騎常侍、安南都護、御史大夫、賜紫金魚袋李弘甫爲宗正卿。」

＊張毅夫　御史大夫

《舊書》卷一八下《宣宗紀》：大中十二年春正月，「以中大夫、守京兆尹、上柱國、賜紫金魚袋張毅夫爲鄂州刺史、御史大夫、鄂岳蘄黃申等州都團練觀察使。」

＊楊發　御史大夫（兼）　正月後

《舊書》卷一八下《宣宗紀》：大中十二年春正月，「以太中大夫、福州刺史、御史中丞、上柱國、賜紫金魚袋楊發檢校右散騎常侍、廣州刺史、御史大夫，充嶺南東道節度觀察處置等使。」

＊王鎭　御史大夫（兼）

《舊書》卷一八下《宣宗紀》：大中十二年春正月，「以朝請大夫、檢校

左散騎常侍、右金吾大將軍、充右街使、上柱國、襲太原郡開國公、食邑二千戶、賜紫金魚袋王鎮爲檢校左散騎常侍、使持節、都督福州諸軍事，兼福州刺史、御史大夫，充福建等州都團練觀察處置等使。」

＊楊發　御史中丞　二月前

《舊書》卷一八下《宣宗紀》：大中十二年春正月，「以太中大夫、福州刺史、御史中丞、上柱國、賜紫金魚袋楊發檢校右散騎常侍、廣州刺史、御史大夫，充嶺南東道節度觀察處置等使。」

＊王式　御史中丞（兼）

《舊書》卷一八下《宣宗紀》：大中十二年春正月，「以朝散大夫、守康王傅分司東都、上柱國、襲魏郡開國公、食邑二千戶、賜紫金魚袋王式爲安南都護、兼御史中丞，充安南本管經略招討處置等使。」

＊段文楚　御史中丞（兼）

《舊書》卷一八下《宣宗紀》：大中十二年春「二月，以前邕管經略招討處置使、朝議郎、邕州刺史、御史中丞、賜紫金魚袋段文楚爲昭武校尉、右金吾衛將軍。」

＊沈佐黃　侍御史內供奉

《唐故承奉郎守大理司直沈府君墓誌銘》（季弟兗海節度判官登仕郎侍御史內供奉佐黃撰）：「公諱中黃，字中美。享年六十有七，時大中十二年歲次戊寅二月九日也。」沈中黃、師黃、佐黃，昆弟三人，見陶敏《全詩人名考證》。沈中黃，《雲溪友議》、《唐詩紀事》作「沈黃中」，蓋傳抄誤。

＊楊戴　監察御史

《東觀奏記》卷下：「監察御史楊戴往浙西道勘覆軍額。大中十二年，宣州叛將康全泰噪逐觀察使鄭薰，朝廷用宋州刺史溫璋問罪。……上遂命戴往，按覆軍籍，無一卒虛額者。」

唐宣宗大中十三年（859）己卯

八月七日，宣宗病卒，年五十，其子懽王李溫由左軍中尉王宗實擁立即帝位，是爲懿宗，改名漼。《通鑑》卷二四九。

＊王傳　監察御史　大中十年（856）～大中十四年（860）

《唐詩紀事》卷四八：「商鎮襄陽，觀察判官將仕郎監察御史王傳和云：『朱紫聯輝照日新，芳菲全屬斷金人。華筵重處宗盟地，白雪飛時郢曲春。……』」

王傳在徐商幕任監察御史、判官，徐商大中十年～大中十四年鎮襄陽。

＊李璋　監察御史

《舊書》卷一六四《李絳傳・子璋附傳》：「大中末，入朝爲監察，轉侍御史。」

＊李蘧　監察御史（兼）　大中十一年（857）～大中十三年（859）

《全文》卷七四六李蘧《惠山寺記》：「蘧舅氏扶風公，貞元四年秋八月，與太原王武陵、吳郡朱宿同遊惠山精舍，爲賦往體詩一首，王序而題之。……大中十一年五月十三日，懷孟等觀察使從事、試大理評事兼監察御史李蘧重題。」《全文》作者小傳：「蘧，大中朝爲懷孟觀察使從事，試大理評事兼監察御史，擢金部員外郎。」

＊王孟諸　監察御史（兼）　大中十三年（859）～十四年（860）

《墓誌彙編》大中一六二《唐故軍器使、內寺伯、賜紫金魚袋、贈內常侍袁公夫人太原郡夫人王氏墓誌銘並序》（銀青光祿大夫檢校太子賓客兼監察御史王孟諸撰）：「夫人襄陽人也，……以大中十四年春正月十二日終……」

唐宣宗大中十四年　懿宗咸通元年（860）　庚辰

十一月丙午朔。丁未，上有事於郊廟，禮畢，御丹鳳門，大赦，改元。《舊書》卷一九上《懿宗紀》。

＊裴寅　御史大夫

《舊書》卷一一三《裴遵慶傳・向子寅、寅子樞附傳》：「子寅，登進士第，累官至御史大夫卒。」《新書》卷一四〇《裴遵慶・子向傳》：「子寅，官累御史大夫。」《唐代墓誌彙編續集》咸通〇六二《唐故徐宿濠泗觀察判官試大理評事兼監察侍御史李府君墓誌銘》：「君諱梲，字卿材，隴西成紀人。……果登進士籍，以試秘書省校書郎觀察推官從裴大夫寅於陝虢府。裴公移帥江

西，又以君爲支使，轉太常寺協律郎。」《唐方鎮文職僚佐考》「陝虢」考裴寅咸通元年鎮陝虢府。

＊李福　御史大夫（兼）

《舊書》卷一七二本傳：「石弟福，字能之，大和七年登進士第，累辟使府。石爲宰相，自薦弟於延英，言福才堪理人，授監察御史。累遷尙書郎，出爲商、鄭、汝、穎四州刺史。大中時，檢校工部尙書、滑州刺史、兼御史大夫，充義成軍節度、鄭滑穎觀察使。入爲刑部侍郎，累遷刑部、戶部尙書。」嚴耕望《唐僕尙丞郎表》卷四考李福「咸通二年八月由檢校工尙、鄭滑節度入遷刑部侍郎。」則大中十四年李福任檢校工部尙書、滑州刺史、兼御史大夫，充義成軍節度、鄭滑穎觀察使。

＊鄭抵德　御史大夫（兼）

《全詩》卷五八七李頻《浙東獻鄭大夫》：「聖主東憂漲海濱，思移副相倚陶鈞。……幾時入去調元化，天下同爲堯舜人。」鄭大夫即鄭抵德，參傅璇琮主編《唐五代文學編年史·晚唐卷》（第448頁）。

＊蔡京　侍御史

《全文》卷七六〇《李肇東林寺碑陰記》：「朝議郎、檢校尙書□部郎使、使持節撫州諸軍事、守撫州刺史、兼侍御史、柱國賜緋魚袋蔡京撰，大中十四年五月二十九日建。」《寶刻叢編》卷一五引《復齋碑錄》略同。《廬山記》卷五作《東林寺經藏院碑陰記》。《全詩》卷五四四劉得仁《送蔡京侍御赴大梁幕》：「同城各多故，會面亦稀疏。……眾說裁軍檄，陳琳遠不如。」

＊薛能　侍御史

晁公武《郡齋讀書志》卷一八「《薛能集》十卷」：「……大中末，書判中選，補盩厔尉，辟太原、陝虢、河陽從事。李福鎮滑，表署觀察判官。歷御史、都官、刑部員外郎，福徙西蜀，奏以自副，咸通中，攝嘉州刺史。」又《全詩》卷五五九薛能《蒙恩除侍御史行次華州寄蔣相》：「林下天書起遁逃，不堪移疾入塵勞。黃河近岸陰風急，仙掌臨關旭日高。……荀家位極兼禪理，應笑埋輪著所操。」《唐詩紀事》卷六〇「薛能」條：「李福鎮滑州，表觀察判官，歷侍御史，都官、刑部員外郎。」其任侍御史時間，譚優學《薛能行年考》記在本年，可從。

唐懿宗咸通二年（861） 辛巳

＊裴寅　御史大夫

《新書》卷一四〇《裴遵慶・子向傳》：「子寅，官累御史大夫。」《唐代墓誌彙編續集》咸通〇六二《唐故徐宿濠泗觀察判官試大理評事兼監察侍御史李府君墓誌銘》：「君諱梲，字卿材，隴西成紀人。……果登進士籍，以試秘書省校書郎觀察推官從裴大夫寅於陝虢府。裴公移旆江西，又以君爲支使，轉太常寺協律郎。」《唐方鎮文職僚佐考》「陝虢」考裴寅咸通元年鎮陝虢府。其「移旆江西」應在咸通二年。

＊衛洙　御史大夫（兼）

《舊書》卷一九《懿宗紀》：「（咸通）二年八月，……以中書舍人衛洙爲工部侍郎。尋改銀青光祿大夫、檢校禮部尙書，兼滑州刺史、御史大夫、駙馬都尉，充義成軍節度、鄭滑潁觀察處置等使。」

＊鄭涯　御史大夫

《通鑑》卷二五〇：「懿宗咸通二年……冬，十月，以御史大夫鄭涯爲山南東道節度使；十一月，加同平章事。」

唐懿宗咸通三年（862） 壬午

＊王式　御史大夫

《舊書》卷一九上《懿宗紀》：咸通三年「七月，……以浙東觀察使王式檢校工部尙書、徐州刺史、御史大夫、武寧軍節度、徐泗濠觀察等使。」《全文》卷八三懿宗《授溫璋王式節度使制》：「……武寧軍節度、徐、泗、宿、濠等州觀察處置等使、朝議大夫、檢校左散騎常侍、兼徐州刺史、御史大夫、賜紫金魚袋溫璋，……前浙江東道都團練觀察處置等使、銀青光祿大夫、檢校左散騎常侍、兼越州刺史、御史大夫、上柱國、襲魏郡開國公食邑二千戶王式，……璋可檢校禮部尙書、兼邠州刺史、御史大夫、充邠寧節度營田觀察處置等使，式可檢校工部尙書徐州刺史御史大夫充武寧軍節度徐泗宿濠等州觀察處置等使。」

＊溫璋　御史大夫（兼）

《全文》卷八三懿宗《授溫璋王式節度使制》：「……武寧軍節度、徐、泗、宿、濠等州觀察處置等使、朝議大夫、檢校左散騎常侍、兼徐州刺史、御史大夫、賜紫金魚袋溫璋，……前浙江東道都團練觀察處置等使銀青光祿大夫檢校左散騎常侍兼越州刺史御史大夫上柱國襲魏郡開國公食邑二千戶王式，……璋可檢校禮部尚書兼邠州刺史御史大夫充邠寧節度營田觀察處置等使。」

＊蔡京　御史大夫（兼）

《全文》卷八三懿宗《授蔡京嶺南西道節度使制》：「朝散大夫、權知太僕卿、充荊、襄、巴、南宣慰安撫使、上柱國、賜紫金魚袋蔡京，……可檢校左散騎常侍兼邕州刺史御史大夫充嶺南西道節度觀察處置等使，散官勳封如故。」《通鑑・咸通三年》：「五月，敕以廣州為東道，邕州為西道……，以蔡京為西道節度使。……八月，嶺南西道節度使為政苛慘，設炮烙之刑，闔境怨之，遂為邕州軍士所逐。」

＊裴休　御史大夫（兼）

《全文》卷八三懿宗《授裴休荊南節度使制》：「具官裴休，岩廊重德，文學宗師，……可檢校尚書右僕射、兼江陵尹、御史大夫、充荊南節度觀察處置等使，散官勳封如故。」《唐方鎮文職僚佐考》考咸通三年至咸通五年裴休為御史大夫、荊南節度使，今從之。

＊高璩　御史大夫（兼）　咸通三年（862）～六年（865）

《全文》卷八三懿宗《授高璩劍南東川節度使制》：「翰林學士承旨、朝議大夫、守尚書金部侍郎、知制誥、上柱國賜紫金魚袋高璩，……可檢校禮部尚書、兼梓州刺史、御史大夫、充劍南、東川節度副使、知節度事、管內觀察處置等使，散官勳如故。」《重修承旨學士壁記》：「高璩……（咸通三年）八月十九日，……加檢校禮部尚書，東川節度使。」《新書・宰相表下》：咸通六年「四月，劍南東川節度使高璩為兵部侍郎，同中書門下平章事。」

＊嚴籌　監察御史（兼）

《墓誌彙編》咸通○二二《唐故嚴公墓誌銘並序》：「公諱籌，滑州粗城

縣人也。……公從職之初，爲滑州討擊使，次爲宣州同前職，又楚州衙前兵馬使，定州衙前兵馬使，又荊南同節度副使專知將務兼監察御史。……公享年五十二，云歿於江陵府。……時咸通三年歲次壬午十月丙申朔廿六日辛酉。」

唐懿宗咸通四年（863） 癸未

＊劉潼　御史大夫（兼）

《舊書》卷一九上《懿宗紀》：咸通四年正月，「以昭義節度使、檢校禮部尚書、上柱國、賜紫金魚袋劉潼爲太原尹、北都留守、御史大夫、充河東節度觀察處置等使。」

＊裴休　御史大夫（兼）

見咸通三年「裴休」條。

唐懿宗咸通五年（864） 甲申

＊孟球　御史中丞

《舊書》卷一九上《懿宗紀》：咸通五年四月，「以晉州刺史孟球檢校工部尚書，兼徐州刺史。」《全詩》卷六五五羅隱《途中獻晉州孟中丞》：「太平天子念蒲東，又委星郎養育功。……不及政成應入拜，晉州何足展清通。」孟中丞，即孟球。詩乃作於孟球任晉州刺史時，約在本年前後。

＊盧簡方　御史大夫（兼）

《舊書》卷一九上《懿宗紀》：咸通五年「十一月乙酉，以大同軍防禦使盧簡方檢校工部尚書、滄州刺史、御史大夫，充義昌軍節度、滄濟德觀察等使。」

＊裴休　御史大夫（兼）

見咸通三年「裴休」條。

唐懿宗咸通六年（865） 乙酉

＊蕭仿　御史大夫（兼）

《舊書》卷一九上《懿宗紀》：咸通六年「九月，……以吏部侍郎蕭仿檢校禮部尚書、滑州刺史、御史大夫，充義成軍節度、鄭滑潁觀察等使。」

＊徐商　御史大夫（兼）

《舊書》卷一七九《徐彥若傳·父商附傳》：「徐彥若，……父商，字義聲，大中十三年及第。……累遷侍御史，改禮部員外郎。入爲御史大夫。」同書卷一九《懿宗紀》：咸通六年「二月，制以御史中丞徐商爲兵部侍郎、同平章事。」《新書》卷六三《宰相表下》：「咸通六年，……御史大夫徐商爲兵部侍郎、同中書門下平章事。」《唐國史補》卷四：「李某爲中丞，奏孔尚書溫、徐相商爲監察御史。孔爲中丞，李在外多年，除宗正少卿，歸而爲丞郎。每燕集，時人以爲盛事。」《舊書》云徐商本年爲御史中丞。

唐懿宗咸通七年（866） 丙戌

＊王紹懿　御史大夫（兼）

《舊書》卷一九上《懿宗紀》：咸通七年「三月，成德軍節度、鎮冀深趙等州觀察處置等使、金紫光祿大夫、檢校司空、鎮州大都督府長史、御史大夫、太原縣開國伯、食邑七百戶、襲食實封一百戶王紹懿卒。」

＊鄭從讜　御史大夫（兼）

《舊書》卷一九上《懿宗紀》：咸通七年「三月，……以吏部侍郎鄭從讜檢校禮部尚書、兼太原尹、北都留守、御史大夫、上柱國、滎陽縣開國男、食邑三百戶，充河東節度管內觀察處置等使。」

＊崔彥曾　御史大夫　咸通七年（866）～咸通十年（869）

《舊書》卷一七七《崔慎由傳·能子彥曾附傳》：「咸通初，累遷太僕卿，七年，檢校左散騎常侍、徐州刺史、御史大夫，充武寧軍節度使。……九年九月十四日，賊逼徐州。……十七日，昏霧尤甚，賊四面斬關而入。……收尹戡、徐行儉及判官焦璐、李梲……並殺之。翌日，賊將趙可立害彥曾，龐

勳自稱武寧軍節度使。」崔彥曾咸通七年任檢校左散騎常侍、徐州刺史、御史大夫，充武寧軍節度使，至十年被害，一直在斯任。

＊王景崇　御史中丞（兼）

《舊書》卷一九上《懿宗紀》：咸通七年「八月，鎮州王景崇起復忠武將軍、左金吾衛將軍同正、檢校右散騎常侍，兼鎮州大都督府左司馬、知府事、御史中丞，充成德軍節度觀察留後。」

＊王鐸　御史中丞（兼）

《舊書》卷一六四《王播傳・炎子鐸附傳》：「鐸，字昭範，會昌初進士第，兩辟使府。大中初，入爲監察御史。咸通初，由駕部郎中知制誥，拜中書舍人。五年，轉禮部侍郎，典貢士兩歲，時稱得人。七年，以戶部侍郎判度支，遷禮部尙書。十二年，以本官同平章事。」《新書》卷一八五本傳：「王鐸字昭範，……會昌初，擢進士第，累遷右補闕、集賢殿直學士。……咸通後，仕寖顯，歷中書舍人、禮部侍郎。所取多才實士，爲世稱挹。拜御史中丞，以戶部侍郎判度支。」

霍按：嚴耕望《唐僕尙丞郎表》卷三考王鐸「咸通七年，轉戶侍判度支」，其兼御史中丞在本年。

＊趙騭　御史中丞

《舊書》卷一七八《趙隱傳・弟騭附傳》：「趙隱，字大隱，京兆奉天人也。……弟騭，亦以進士登第。……咸通初，以兵部員外郎知制誥，轉郎中，正拜中書舍人。六年，權知貢舉。七年，選士，多得名流，拜禮部侍郎、御史中丞，累遷華州刺史、潼關防禦、鎮國軍等使，卒。」

＊孔緯　監察御史

《舊書》卷一七九《孔緯傳》：「孔緯字化文，……大中十三年進士擢第，……御史中丞王鐸奏爲監察御史，轉禮部員外郎。」

霍按：王鐸本年任御史中丞，奏孔緯爲監察御史在本年。

＊李梲　監察御史（兼）　咸通七年（866）～咸通十年（869）

《唐代墓誌彙編續集》咸通○六二《唐故徐宿濠泗觀察判官試大理評事兼監察侍御史李府君墓誌銘》：「君諱梲，字卿材，隴西成紀人。……果登進

士籍，以試秘書省校書郎觀察推官從裴大夫寅於陝貌府。裴公移旆江西，又以君爲支使，轉太常寺協律郎。……崔大夫彥曾廉問徐方，……遂以觀察判官辟，奏授試大理評事兼監察御史。……崔公輿幕客監軍使皆束縛就拘。……故崔公幕客監軍使同殞於寇手，時咸通十年四月五日也，君享年五十七。」

霍按：《舊書》卷一七七《崔慎由傳‧能子彥曾附傳》：「咸通……七年，檢校左散騎常侍、徐州刺史、御史大夫，充武寧軍節度使。……九年九月十四日，賊逼徐州。……收尹戡、徐行儉及判官焦璐、李梲……並殺之。翌日，賊將趙可立害彥曾，龐勳自稱武寧軍節度使。」正與《墓誌》相合。

唐懿宗咸通八年（867） 丁亥

＊王渢　御史大夫（兼）

晁公武《郡齋讀書志》卷一八「《薛能集》十卷」：「……李福鎮滑，表署觀察判官。歷御史、都官、刑部員外郎，福徙西蜀，奏以自副，咸通中，攝嘉州刺史。」《全詩》卷五五九薛能《送浙東王大夫》：「天爵擅忠貞，皇恩復寵榮。……賓客招開地，戎裝擁上京。」《嘉泰會稽志》載王渢咸通「八年二月自前戶部侍郎授浙東。」傅璇琮《唐五代文學編年史晚唐卷》考薛能《送浙東王大夫》爲「抵京後送行之作，故有『賓客招開地，戎裝擁上京』之句。」可知王大夫即王渢。

唐懿宗咸通九年（868） 戊子

＊李蔚　御史大夫

《舊書》卷一九上《懿宗紀》：「（咸通）九年春正月丙申，以吏部侍郎李蔚檢校刑部尚書、汴州刺史、御史大夫，充宣武節度、汴、宋、亳觀察處置等使。」

＊楊嚴　御史中丞（兼）

《舊書》卷一九上《懿宗紀》：咸通九年「十月，貶浙西觀察使楊收爲端州司馬同正，收弟前浙東觀察使、越州刺史、御史中丞嚴爲韶州刺史，檢校工部尚書、洪州刺史、鎮南節度、江南西道觀察處置等使嚴撰長流嶺南。《全詩》卷六五二方干《上越州楊嚴中丞》。

唐懿宗咸通十年（869） 己丑

＊王晏權　御史大夫

《舊書》卷一九上《懿宗紀》：咸通十年「春正月，……「以神武大將軍王晏權檢校工部尚書、徐州刺史、御史大夫、充武寧軍節度、徐泗濠觀察，兼徐州北路行營招討等使，智興之從子也。」

＊康承訓　御史大夫（兼）

《舊書》卷一九上《懿宗紀》：咸通十年「春正月，……以右神策大將軍、知軍使、兼御史大夫、上柱國、龍陽縣開國伯、食邑一千戶康承訓可金紫光祿大夫、檢校刑部尚書、兼右神策大將軍、御史大夫、上柱國、扶風郡開國公、食邑一千五百戶，充徐泗行營都招討使。」

＊曹翔　御史大夫（兼）

《舊書》卷一九上《懿宗紀》：咸通十年「九月，……制以徐州南面招討使、檢校尚書左僕射、右神武大將軍、權知淮南節度事、扶風縣開國伯、食邑一千戶馬舉可檢校司空，兼揚州大都督府長史、淮南節度副大使、知節度事、以右武衛大將軍、徐州東南面招討使曹翔檢校兵部尚書，兼徐州刺史、御史大夫、徐泗濠團練防禦等使。」

＊張玄稔　御史大夫

《舊書》卷一九上《懿宗紀》：咸通十年「九月，……與玄稔詔曰：『去歲災興分野，毒起徐方，……今授玄稔銀青光祿大夫、檢校右散騎常侍、兼右驍衛大將軍、御史大夫。』」《通鑑》卷二五一：「懿宗咸通十年……冬，十月，以張玄稔爲右驍衛大將軍、御史大夫。」

＊張玄稔　御史中丞

《通鑑》卷二五一：「懿宗咸通十年……九月，……玄稔見承訓，肉袒膝行，涕泣謝罪。承訓慰勞，即宣敕，拜御史中丞。」

＊辛讜　侍御史

《舊書》卷一八七《忠義傳下·辛讜傳》：「咸通十年，龐勳亂徐泗。……賊平，授讜泗州團練判官、侍御史。」

＊王徽　殿中侍御史

《舊書》卷一七八本傳：「徽大中十一年進士擢第。……徽登第時，年逾四十。……會徐商罷相鎮江陵。……商喜甚，奏授殿中侍御史，賜緋，荊南節度判官。」徐商咸通十年鎮江陵，參《唐方鎮文職僚佐考》「荊南」條（第249頁）。

唐懿宗咸通十一年（870）庚寅

＊孫□　御史大夫（兼）

《隋唐五代墓誌彙編陝西卷》第四冊《唐故銀青光祿大夫、檢校國子祭酒、兼彭州別駕、御史大夫孫公夫人梁氏墓誌銘並序》：「夫人安定人也，……曾祖崇義，皇鄧州刺史、兼御史中丞；祖伯倫，皇曹州刺史、御史大夫；嚴考叔明，皇攝濮州刺史、御史中丞，……夫人即濮州府君第十女也。……歸於樂安孫公，……以咸通十一年正月二十九日遘疾，終於上都崇仁坊之里第。」

＊孫瑝　御史中丞

《舊書》卷一九上《懿宗紀》：咸通十一年「五月，……正議大夫、御史中丞、上柱國、賜紫金魚袋孫瑝爲汀州刺史。」《新書》卷一八‧《劉瞻傳》：「咸通十一年，……以檢校刑部尙……鄭畋以責詔不深切，御史中丞孫瑝、諫議大夫高湘等坐與瞻善，分貶嶺南。」《舊書》卷一七七《劉瞻傳》同。

＊朱邪赤心　御史大夫（兼）

《舊書》卷一九上《懿宗紀》：咸通十一年「春正月，……以河東行營沙陀三部落羌渾諸部招討使、檢校太子賓客、監察御史朱邪赤心爲檢校工部尙書、單于大都護、御史大夫、振武節度、麟勝等州觀察等使，仍賜姓名曰李國昌。」

＊崔彥昭　御史大夫

《舊書》卷一九上《懿宗紀》：咸通十一年「春正月，……以河陽三城節度、孟懷澤觀察使、中散大夫、檢校禮部尙書、孟州刺史、御史大夫崔彥昭爲金紫光祿大夫、檢校刑部尙書、太原尹、北都留守、河東節度觀察等使。」

＊鄭從讜　御史大夫（兼）

《舊書》卷一九上《懿宗紀》：咸通十一年「十一月，……以吏部侍郎鄭從讜檢校戶部尚書，兼汴州刺史、御史大夫，充宣武軍節度使，代李蔚。」

＊高湜　御史中丞

《新書》卷一八五《王徽傳》：「御史中丞高湜薦知雜事，進考功員外郎。」見本年「王徽」條考證。

＊王徽　侍御史知雜　咸通十一年（870）～咸通十二年（871）

《舊書》卷一七八本傳：「徽大中十一年進士擢第。……會徐商罷相鎮江陵。……商喜甚，奏授殿中侍御史，賜緋，荊南節度判官。高湜時持憲綱，奏為侍御史知雜，兼職方員外郎，轉考功員外。」《新書》卷一八五《王徽傳》：「御史中丞高湜薦知雜事，進考功員外郎。」五代孫光憲《北夢瑣言》卷二：「咸通中，禮部侍郎高湜知舉，榜內孤貧者公乘億，賦詩三百首，人多書於屋壁。許棠有《洞庭》詩尤工，詩人謂之『許洞庭』，最奇者有聶夷中。」《舊書》卷一九《懿宗紀》：「（咸通十一年）十月，以中書舍人高湜權知禮部貢舉。」清徐松《登科記考》卷二三：「（咸通）十二年辛卯，進士四十人：李筠，狀元。裴樞，許棠，劉希，李拯，公乘億，聶夷中……，知貢舉：中書舍人高湜。」按《新書》卷一七七《高湜傳》：「子湜，咸通末為禮部侍郎。」戴偉華《唐方鎮文職僚佐考》高湜咸通十三年（872年）至乾符二年（875年）「出鎮澤路」，蓋其咸通十一年至十二年為御史中丞兼禮部侍郎。

＊孫劭殷　殿中侍御史（兼）

《隋唐五代墓誌彙編陝西卷》第四冊《唐故銀青光祿大夫檢校國子祭酒前兼彭州別駕御史大夫孫公夫人梁氏墓誌銘並序》：「夫人安定人也，……嚴考叔明，皇攝濮州刺史、御史中丞，……夫人即濮州府君第十女也。……歸於樂安孫公，……以咸通十一年正月二十九日遘疾，終於上都崇仁坊之里第。……孫公大夫有子二人，……次曰劭殷，西川節度押衙兼殿中侍御史。」

＊朱邪赤心　監察御史

《舊書》卷一九上《懿宗紀》：咸通十一年「春正月，……以河東行營沙陀三部落羌渾諸部招討使、檢校太子賓客、監察御史朱邪赤心為檢校工部尚

書、單于大都護、御史大夫、振武節度、麟勝等州觀察等使，仍賜姓名曰李國昌。」

唐懿宗咸通十二年（871）辛卯

＊鄭從讜　御史大夫

《舊書》卷一九上《懿宗紀》：咸通十二年「十二月，……以檢校戶部尚書、汴州刺史、御史大夫、宣武軍節度使鄭從讜爲廣州刺史、嶺南東道節度觀察處置等使。」

＊孫瑝　御史中丞

《墓誌彙編》會昌○○四《《唐故河南洛陽縣尉孫府君墓誌銘並序》（再從兄朝散大夫守御史中丞上柱國賜紫金魚袋瑝撰）：「今天子受英武至仁號之年，夏五月，洛陽縣尉孫君備以疾亡於官」，年三十九。據《舊書·懿宗紀》，咸通十二年，文武百僚爲懿宗上徽號曰「睿文英武明德至仁大聖廣孝皇帝」，「英武至仁」當指此。《千唐誌齋藏志》中《唐故河南洛陽縣尉孫府君墓誌銘並序》及《墓誌彙編》署爲會昌元年，均誤。

＊李溪　侍御史

《會要》卷二三「諱」：「咸通十二年七月，侍御史李溪以奏狀內字與廟諱音同，罰一季俸。……」

唐懿宗咸通十三年（872）壬辰

張直方　御史大夫

《舊書》卷一九上《懿宗紀》：咸通十三年「五月，……敕檢校尚書左僕射、守左羽林軍統軍、御史大夫張直方貶康州司馬同正，以其部下爲盜故也。」

＊于琮　御史大夫（兼）

《舊書》卷一九上《懿宗紀》：咸通十三年「五月，……制開府儀同三司、檢校尚書左僕射、兼襄州刺史、御史大夫、充山南西道節度觀察等使于琮可正議大夫、守普王傅，分司東都。」

＊趙隱　御史中丞

《舊書》卷一九上《懿宗紀》：咸通十三年「二月，……以御史中丞趙隱爲戶部侍郎、本官同平章事。」

＊韋蟾　御史中丞

《全詩》卷五八九李頻《送鄂渚韋尙書赴鎮》：「誰知舊僚屬，攀餞淚仍流。」據胡可先《全唐詩人名考》，韋尙書，即韋蟾。據嚴耕望《唐僕尙丞郎表》，韋蟾於咸通十三年十一月十五日辛巳遷御史中丞兼刑部侍郎。

＊李頻　侍御史

《新書》卷二〇三《文藝傳下》：「李頻字德新，睦州壽昌人。……大中八年，擢進士第，調秘書郎，爲南陵主簿。判入等，再遷武功令。於是畿民多籍神策軍，吏以其橫，類假借，不敢繩以法。頻至，……豪猾大驚，屛息奉法，縣大治。……懿宗嘉之，賜緋衣、銀魚。俄擢侍御史，守法不阿徇，遷累都官員外郎。」《唐才子傳校箋》卷七：「李頻咸通中曾官侍御，在越與方干等唱和。」《全詩》卷五八九李頻《送鄂渚韋尙書赴鎮》：「誰知舊僚屬，攀餞淚仍流。」據胡可先《全唐詩人名考》，韋尙書，即韋蟾。韋蟾咸通十三年改御史中丞兼刑部侍郎，李頻云「舊僚屬」，其任侍御史應在此前後。參譚優學《李頻行年考》。

＊柳玭　殿中侍御史　咸通十三年（872）～咸通十四年（873）

《舊書》卷一六五《柳公綽傳・子玭附傳》：「玭應兩經舉，釋褐秘書正字。又書判拔萃，高湜辟爲度支推官。逾年，拜右補闕。湜出鎮澤潞，奏爲節度副使。入爲殿中侍御史。黃巢……賊陷長安，爲刃所傷，出奔行在，歷諫議給事中，位至御史大夫。」戴偉華《唐方鎮文職僚佐考》考高湜「出鎮澤潞」在咸通十三年至咸通十四年，此即柳玭任殿中侍御史之時。

唐懿宗咸通十四年（873）癸巳

＊于琮　御史大夫（兼）

《舊書》卷一九下《僖宗紀》：咸通十四年「十一月，以光祿大夫、守太子少傅、駙馬都尉于琮檢校尙書左僕射，兼襄州刺史、御史大夫，充山南東

道節度觀察等使。」

＊韋蟾　御史中丞

《舊書》卷一九上《懿宗紀》：「（咸通）十四年春正月丙寅朔，御史中丞韋蟾奏……」

唐武宗會昌元年至懿宗咸通十四年待考證御史

＊李璋　侍御史

《舊書》卷一六四《李絳傳·子璋附傳》：「大中末，入朝爲監察，轉侍御史。」

霍按：李璋大中末任監察御史，其任侍御史當在大中末之後，待考。

＊畢誠　侍御史　會昌五年（845）～大中三年（849）

《舊書》卷一七七本傳：「悰入相，誠爲監察，轉侍御史。……改職方郎中，兼侍御史知雜。」畢誠會昌四年任監察御史，大中四年改職方郎中，兼侍御史知雜，其任侍御史應在會昌五年至大中三年期間，待考。

＊敬晦　御史中丞（大中中）

《新書》卷一七七本傳：「晦進士及第，辟山南東道節度府，與馬曙聊舍。……武宗時，趙歸眞以詐營罔天子，御史平吳湘獄，得罪宰相。晦上疏極道非是，不少回縱。大中中，歷御史中丞、刑部侍郎、諸道鹽鐵轉運使、浙西觀察使。」

＊楊授　監察御史　殿中侍御史

《舊書》卷一七六《楊嗣復傳·子授附傳》：「授字得符，大中九年進士擢第。……歷監察御史、殿中，分務東臺。」

＊王式　監察御史，殿中侍御史

《舊書》卷一六四本傳：「（王）式以門蔭，累遷監察御史，轉殿中，亦巧宦。」

＊徐商　侍御史　咸通六年（865）前

《舊書》卷一七九《徐彥若傳・父商附傳》：「徐彥若，……父商，字義聲，大中十三年及第。……累遷侍御史，改禮部員外郎。入爲御史大夫。」徐商咸通六年任御史中丞，其任侍御史在咸通六年前。

＊楊公漢　御史大夫

《墓誌續編》咸通○○八《唐故銀青光祿大夫檢校戶部尙書使持節鄆州諸軍事鄆州刺史充天平軍節度，鄆、曹、濮等州觀察處置等使，御史大夫上柱國弘農郡開國公食邑二千戶弘農楊公墓誌銘並序》：「邑中有滯獄，假公之平心高見，爲我鞫之。到縣領獄，則邑民殺妻事。初，邑民之妻以歲首省歸其父母，逾期不返，邑民疑之。及歸，醉而殺之。夜奔，告於里尹，曰：『妻風恙，自以刃斷其喉死矣。』里尹執之詣縣，桎梏而鞫焉。訊問百端，妻自刑無疑者。而其父母冤之，哭訴不已，四年獄不決。公即領事，此時客係而去其械。間數日，引問曰：『死者首何指？』曰：『東。』又數日，引問曰：『自刑者刃之靶（疤）何向？』曰：『南。』又數日，引問曰：『死者仰矣覆矣？』曰：『仰。』又數日，引問曰：『死者所用之首（手）左矣右矣？』曰：『右。』即詰之曰：『是則果非自刑也。如爾之說，即刃之，靶（疤）當在北矣。』民叩頭曰：『死罪，實謀殺之，不敢隱。』遂以具獄，正其刑名焉。」

＊盧攜　殿中侍御史　咸通中

《舊書》卷一七八本傳：「咸通中，入朝爲右拾遺、殿中侍御史，累轉員外郎中、長安縣令、鄭州刺史。」

＊牛徽　殿中侍御史　咸通中

《舊書》卷一七二《牛僧孺傳・蔚子徽附傳》：「徽，咸通八年登進士第，三佐諸侯府，得殿中侍御史，賜緋魚。入爲右補闕，再遷吏部員外郎。乾符中，選曹猥濫，吏部姦弊，每歲選人四千餘員。徽性貞剛，特爲奏請，由是銓敘稍正，能否旌別，時議稱之。」

李匡實　御史中丞（兼）　咸通中

《墓誌續編》文德○○一《唐故嬀州刺史充清夷軍營田等使朝散大夫檢校尙書司封郎中攝御史中丞上柱國彭城劉公墓誌銘並序》（文德元年五月）

「……公諱鈐，字秘之，漢中山靖王之後也。……夫人趙郡李氏，……即故涿州刺史兼御史中丞匡實之女。」

唐僖宗乾符元年至僖宗文德元年

唐懿宗咸通十五年　僖宗乾符元年（874）甲午

　　咸通十四年七月，懿宗大漸，七月十八日，……懿宗崩。二十日，即皇帝位於柩前，時年十二。……咸通十五年二月，葬懿宗於簡陵。……十一月丙戌朔，庚寅，上有事於宗廟，禮畢，御丹鳳門，大赦，改元爲乾符。《舊書》卷一九下《僖宗紀》。

＊李福　御史大夫（兼）

　　《舊書》卷一七二本傳：「石弟福，字能之，……乾符初，以檢校右僕射、襄州刺史、兼御史大夫充山南東道節度。」

＊竇瀚　御史大夫（檢校）

　　《舊書》卷一九下《僖宗紀》：咸通十五年「三月，……以銀青光祿大夫、京兆尹、上柱國、岐山郡開國公、食邑三千戶竇瀚檢校戶部尚書、太原尹、北都留守、御史大夫，充河東節度管內觀察處置等使。」

＊裴瓚　御史大夫（檢校）

　　《舊書》卷一九《僖宗紀》：咸通十五年「七月，以禮部侍郎裴瓚爲檢校左散騎常侍、潭州刺史、御史大夫、湖南觀察使。」

＊盧胤征　侍御史

　　《舊書》卷一九下《僖宗紀》：咸通十五年「四月，……以侍御史盧胤征

爲司封員外郎，判戶部案。」

＊裴渥　侍御史

《舊書》卷一九下《僖宗紀》：咸通十五年「五月，……侍御史裴渥爲起居郎。」

唐僖宗乾符二年（875）乙未

＊吳行魯　御史大夫（兼）

《舊書》卷一九下《僖宗紀》：「（乾符）二年……四月，……東川點檢兵馬使吳行魯可金紫光祿大夫、檢校兵部尙書，兼梓州刺史、御史大夫，充劍南東川節度等使。」

＊李蔚　御史大夫

《通鑑》卷二五二：「乾符二年……六月，以御史大夫李蔚爲中書侍郎同平章事。」

＊張褐檢　御史大夫（兼）

《舊書》卷一九下《僖宗紀》：「（乾符）二年……秋七月，……以京兆尹張褐檢校戶部尙書，兼鄆州刺史、御史大夫，充天平軍節度、鄆曹濮觀察等使。

＊鄭頊　侍御史

《舊書》卷一九下《僖宗紀》：「（乾符）二年……三月，……侍御史鄭頊爲刑部員外郎。」

＊李燭　殿中侍御史

《舊書》卷一九下《僖宗紀》：「（乾符）二年……四月，……以殿中侍御史李燭爲禮部員外郎。」

＊孔綸　殿中侍御史

《舊書》卷一九下《僖宗紀》：「（乾符）二年……十一月，……殿中侍御史孔綸爲戶部員外郎。」

唐僖宗乾符三年（876） 丙申

＊李嶧　御史大夫

《舊書》卷一九下《僖宗紀》：乾符三年「九月，……以太府卿李嶧檢校工部尚書、滑州刺史、御史大夫，充義成軍節度、鄭滑潁觀察處置等使。」

＊羅讓　御史大夫

《唐故御史大夫贈工部尚書長沙郡羅公神道之碑》：「……先府君尚書諱讓，字修己。……乾符三年六月十一日，遘疾薨於寬仁坊之私第，享齡六十九。」該碑立於唐昭宗龍紀元年（889 年）三月，又見陳尚君《全文補編》卷九〇《唐太師南陽王羅公神道碑》。

霍按：此羅讓與《舊書》卷一八八《羅讓傳》之羅讓爲兩人。

＊李沼　御史中丞

《會要》卷六〇「御史中丞」：「乾符三年二月四日，御史中丞李沼奏……」

唐僖宗乾符四年（877） 丁酉

＊歸仁紹　侍御史

《通鑒》卷二五三：「乾符四年十二月，（宋）威奏與君長戰於潁州西南，生擒以獻；復光奏君長等實降，詔侍御史歸仁紹等鞫之。」

唐僖宗乾符五年（878） 戊戌

＊孔緯　御史中丞（乾符中）

《舊書》卷一七九《孔緯傳》：「孔緯字化文，緯少孤，……大中十三年進士擢第。御史中丞于鐸奏爲監察御史，轉禮部員外郎。乾符中，罷學士，出爲御史中丞。緯氣志芳雅，疾惡如仇。既總憲剛，中外不繩而自肅。」

＊司空圖　殿中侍御史

《新書》卷一九四《卓行》：「司空圖字表聖，……咸通末擢進士，禮部侍郎王凝特所獎待，俄而凝坐法貶商州，圖感知己，往從之。凝起拜宣歙觀

察使，乃辟置幕府。召爲殿中侍御史，不忍去凝府，臺劾，左遷光祿寺主簿，分司東都。」傅璇琮主編《唐才子傳校箋》卷八「司空圖」考司空圖「爲殿中侍御史，當在乾符五年七、八月間。」今從之。

唐僖宗乾符六年（879）己亥

唐僖宗廣明元年（880）庚子

廣明元年春正月乙卯朔，上御宣政殿，制曰：「……改乾符七年爲廣明元年。」《舊書》卷一九下《僖宗紀》。

*李琢　御史大夫（兼）

《舊書》卷一九下《僖宗紀》：廣明元年「四月，……以檢校吏部尙書、前太常卿、上柱國、隴西郡開國公、食邑三千戶李琢爲光祿大夫、檢校尙書右僕射、御史大夫，充蔚朔等州諸道行營都招討使。」

*劉崇龜　御史中丞

《舊書》卷一七九《劉崇龜傳》：「廣明元年春，鄭從讜罷相，鎭太原，奏崇龜爲度支判官、檢校吏部郎中、御史中丞，賜金紫。

*趙蒙　御史中丞

《舊書》卷一九下《僖宗紀》：廣明元年「十二月，……御史中丞趙蒙、刑部侍郎李溥、故相於琮皆從駕。」《新書》卷九《僖宗紀》：「廣明元年……庚子，廣德公主、豆盧 、崔沆、尙書左僕射劉鄴、右僕射於琮、太子少師裴諗、御史中丞趙蒙、刑部侍郎李溥、京兆尹李湯死於黃巢。」

唐僖宗廣明二年　中和元年（881）辛丑

七月丁未朔。乙卯，車駕至西蜀。丁巳，御成都府廨，改廣明二年爲中和元年，大赦天下。《舊書》卷一九下《僖宗紀》。

*李煥　御史中丞

《舊書》卷一一三《裴遵慶傳·向子寅、寅子樞附傳》：「……子樞，字

紀聖，咸通十二年登進士第。……從僖宗幸蜀，中丞李煥奏爲殿中侍御史。」

＊裴樞　殿中侍御史

《舊書》卷一一三《裴遵慶傳・向子寅、寅子樞附傳》：「……子樞，字
紀聖，咸通十二年登進士第。……從僖宗幸蜀，中丞李煥奏爲殿中侍御史。」

唐僖宗中和二年（882）　壬寅

＊裴樞　侍御史　中和二年（882）～中和四年（884）

《舊書》卷一一三《裴樞傳》：「樞，字紀聖，咸通十二年登進士第。……
大學士王鐸深知之，鐸罷相失職，樞亦久之不調。從僖宗幸蜀，中丞李煥奏
爲殿中侍御史，遷起居郎。中和初，王鐸復見用，以舊恩徙爲鄭滑掌書記、
檢校司封郎中。」《全詩》卷二七一竇常《和裴端公樞蕪城秋夕簡遠近親知》。
戴偉華《唐方鎭文職僚佐考》（第 78 頁）考王鐸中和二年至中和四年爲鄭滑
節度使。裴端公，唐人言侍御史爲端公，裴樞在王鐸幕掌書記，兼侍御史。

唐僖宗中和三年（883）　癸卯

＊朱溫　御史大夫（兼）

《舊書》卷一九《僖宗紀》：中和三年「五月，以檢校尚書右僕射、華州
刺史、潼關防禦等使朱溫檢校司空，兼汴州刺史、御史大夫，充宣武節度觀
察等使，仍賜名全忠。」

＊李國昌　御史大夫（兼）

《舊書》卷一九《僖宗紀》：中和三年「八月，……制以前振武節度、檢
校司空、兼單于都護、御史大夫李國昌爲檢校司徒、代州刺史、雁門已北行
營節度、蔚、朔等州觀察等使。」

＊盧渥　御史中丞

《新書》卷一〇一《蕭瑀傳・遘附傳》：「田令孜受溥金，劾損，付御史獄，
中丞盧渥傳成其罪。」

＊王華　侍御史

《通鑒》卷二五五：「中和三年，十二月，田令孜溥賄，令御史臺鞫之。侍御史王華爲損論冤，令孜矯詔移損下神策獄，華拒而不遣。」

唐僖宗中和四年（884）甲辰

＊王徽　御史大夫

《舊書》卷一九《僖宗紀》：中和四年「十二月丁亥朔，大明宮留守、權知京兆尹、御史大夫、京畿制置等使王徽與留司百官上表，請車駕還宮。」《舊書》卷一七八本傳：「徽大中十一年進士擢第。……光啓中，潞州軍亂，……時京師收復之後，宮寺焚燒，園林毀廢，……乃以徽爲大明宮留守，……帝深嘉納，進位檢校司空、御史大夫，權知京兆尹事。……朱孜既誅，天子自襃中還至鳳翔，召徽拜御史大夫。」

唐僖宗中和五年　光啓元年（885）乙巳

三月丙辰朔。丁卯，車駕至京師。己巳，御宣政殿，大赦，改元光啓。《舊書》卷一九下《僖宗紀》。

＊齊克讓　御史大夫（兼）

《舊書》卷一九《僖宗紀》：光啓元年「五月，……以克讓檢校司徒，兼定州刺史、御史大夫，充義武節度觀察、北平軍等使，代王處存。」

唐僖宗光啓二年（886）丙午

＊孔緯　御史大夫（兼）

《舊書》卷一九《僖宗紀》：光啓二年「春正月，……授刑部尙書孔緯兼御史大夫，令率從官赴行在。……三月，……刑部尙書、御史大夫孔緯爲兵部侍郎，充諸道監鐵轉運等使：並以本官同平章事。」《新書》卷九《僖宗紀》：「光啓二年……御史大夫孔緯、韓林學士承旨、兵部尙書杜讓能爲兵部侍郎、同中書門下平章事。」《新書》卷六三《宰相表下》：「光啓二年三月戊戌，御史大夫孔緯，翰林學士承旨、兵部尙書杜讓能，並爲兵部侍郎、

同中書門下平章事。」

唐僖宗光啓三年（887） 丁未

＊李茂貞　御史大夫（兼）

《舊書》卷一九下《僖宗紀》：光啓三年「七月，……制以武定軍節度使、檢校尚書左僕射，兼洋州刺史、御史大夫、上柱國、隴西郡公、食邑一千五百戶李茂貞檢校司空、同平章事，兼鳳翔尹、鳳翔隴右節度等使。」

唐僖宗光啓四年　文德元年（888） 戊申

二月己巳朔，……戊子，上御承天門，大赦，改元文德。《舊書》卷一九下《僖宗紀》。

＊劉鈞　御史中丞（攝）

《墓誌續編》文德○○一《唐故嬀州刺史充清夷軍營田等使朝散大夫檢校尚書司封郎中攝御史中丞上柱國彭城劉公墓誌銘並序》（盧龍節度判官、兼掌書記、朝散大夫、檢校尚書兵部郎中、兼御史大夫、賜紫金魚袋鄭隼撰）：「……公諱鈞，字秘之，漢中山靖王之後也。……文德元年春三月甲子，以疾辭印綬，夏四月戊辰，捐館舍於幽州薊縣燕都坊之私第，春秋齒五十有二。」

＊鄭隼　御史大夫（兼）

《墓誌續編》文德○○一《唐故嬀州刺史充清夷軍營田等使朝散大夫檢校尚書司封郎中攝御史中丞上柱國彭城劉公墓誌銘並序》（盧龍節度判官、兼掌書記、朝散大夫、檢校尚書兵部郎中、兼御史大夫、賜紫金魚袋鄭隼撰）。該墓誌爲文德元年撰。見本年「劉鈞」條。

唐僖宗乾符元年至僖宗文德元年待考證御史

＊劉崇望　監察御史　乾符元年（874）後

《舊書》卷一七九本傳：「崇望，咸通十五年登進士科。……入爲長安尉，直弘文館，遷監察御史、右補闕、起居郎、弘文館學士，轉司勳、吏部二員

外郎。」具體任職年份待考。

＊趙光逢　監察御史　乾符六年（879）後

《舊書》卷一七八《趙隱傳・子光逢附傳》：「趙隱，字大隱，京兆奉天人也。……子光逢、光裔、光胤。……光逢，乾符五年登進士第，釋褐鳳翔推官。入朝爲監察御史，丁父優免。……乾寧三年，從駕幸華州，拜御史中丞，改禮部侍郎。」

霍按：光逢乾符五年登進士第，乾符五年至乾符六年在令狐陶幕，參戴偉華《唐方鎮文職僚佐考》「鳳翔」卷，其任監察御史應在乾符六年後，待考。

唐昭宗龍紀元年至哀帝天祐四年

唐昭宗龍紀元年（889） 己酉

龍紀元年春正月癸巳朔，上御武德殿受朝賀，宣制大赦，改元。《舊書》卷二〇上《昭宗紀》。

＊徐彥若　御史中丞

《舊書》卷一七九本傳：「彥若，咸通十二年進士擢第。乾符末，以尚書郎知制誥，正拜中書舍人。昭宗即位，遷御史中丞。」

＊鄭襃　御史中丞（兼）

《唐故御史大夫贈工部尚書長沙郡羅公神道之碑》：「……門吏、觀察支使、文林郎、檢校尚書金部郎中兼御史中丞、賜紫金魚袋鄭襃書並篆額。……先府君尚書諱讓，字修己。……乾符三年六月十一日，遇疾薨於寬仁坊之私第。」該碑全稱《唐故御史大夫贈工部尚書長沙郡羅公神道之碑》，立於唐昭宗龍紀元年三月。

唐昭宗大順元年（890） 庚戌

大順元年春正月戊子朔，御武德殿受朝賀。宰臣百僚上徽號曰聖文睿德光武弘孝皇帝，禮畢，大赦，改元大順。《舊書》卷二〇上《昭宗紀》。

✳盧彥威　御史大夫（兼）

《舊書》卷二〇上《昭宗紀》：大順元年六月乙卯，「制以德州刺史、權知滄州兵馬留後盧彥威檢校尙書右僕射，兼滄州刺史、御史大夫，充義昌軍節度、滄德觀察處置等使。」

✳張浚　御史大夫（兼）

《舊書》卷二〇上《昭宗紀》：大順元年十二月，「制特進中書侍郎平章事、太原四面行營都統張浚可檢校兵部尙書，兼鄂州刺史、御史大夫，充鄂岳觀察使。」

✳柳玭　御史中丞　龍紀元年（889）～大順元年（890）

《舊書》卷一七九《陸扆傳》：「……龍紀元年冬，詔授（陸扆）藍田尉，值弘文館，遷左拾遺，兼集賢學士。中丞柳玭奏改監察御史。」《新書》卷一六三《柳玭傳》：「柳玭以經明補秘書正字，由書判拔萃，累轉左補闕。……巢入京師，奔行在，再遷中書舍人、御史中丞。」嚴耕望《唐僕尙丞郎表》考龍紀元年、大順元年在吏部侍郎任，大順二年由吏部侍郎轉御史大夫。《舊書·陸扆傳》云「中丞柳玭」，蓋柳玭以吏部侍郎兼御史中丞。

✳徐彥若　御史中丞

《舊書》卷二〇上《昭宗紀》：大順元年十二月，「御史中丞徐彥若爲戶部侍郎、同平章事。」《新書》卷一〇《昭宗紀》云大順二年正月，御史中丞徐彥若爲戶部侍郎，同中書門下平章事。」

✳陸扆　監察御史

《舊書》卷一七九《陸扆傳》：「……龍紀元年冬，詔授（陸扆）藍田尉，值弘文館，遷左拾遺，兼集賢學士。中丞柳玭奏改監察御史。」《新書》卷一八三《陸扆傳》略同。嚴耕望《唐僕尙丞郎表》考龍紀元年、大順元年在吏部侍郎任，大順二年由吏部侍郎轉御史大夫。《舊書陸扆傳》云龍紀元年，陸扆任藍田尉，柳玭奏改其轉任監察御史應在大順元年，故繫於此。

唐昭宗大順二年（891） 辛亥

＊孔緯　御史大夫（兼）

《新書》卷六三《宰相表下》：「……大順二年正月庚申，緯檢校太保兼御史大夫、荊南節度使，潘罷爲檢校尚書右僕射、鄂岳觀察使。」

＊柳玭　御史大夫

《新書》卷一六三《柳公綽傳》：「柳玭以經明補秘書正字，由書判拔萃，累轉左補闕。……巢入京師，奔行在，再遷中書舍人、御史中丞。文德元年，以吏部侍郎修國史，拜御史大夫。直清有父風，昭宗欲倚以相，中官讒玭煩碎，非廊廟器，乃止。」《舊書》卷一六五《柳公綽傳·子玭附傳》：「玭應兩京舉，……入爲殿中侍御史。黃巢……賊陷長安，爲刃所傷，出奔行在，歷諫議給事中，位至御史大夫。」嚴耕望《唐僕尚丞郎表》考柳玭大順二年由吏部侍郎轉御史大夫，今從之。

＊王師範　御史大夫

《舊書》卷二〇上《昭宗紀》：大順二年「三月辛亥朔，以青州權知兵馬留後王師範檢校兵部尚書，兼青州刺史、御史大夫，充平盧軍節度觀察、押新羅、渤海兩蕃等使。」

＊裴贄　御史中丞

據孟二冬《登科記考補正》，昭宗大順二年（891 年）御史中丞裴贄知貢舉，陳鼎、黃璞、杜荀鶴、王渙、李德鄰、王拯、趙光胤、張曙、吳仁璧、蔣肱、羅袞、王翃等二十七人登進士第，狀元爲崔昭矩。

＊徐彥若　御史中丞

《新書》卷一〇《昭宗紀》：大順二年「正月庚申，御史中丞徐彥若爲戶部侍郎，同中書門下平章事。」

＊陸扆　監察御史

《舊書》卷一七九《陸扆傳》：「扆，光啓二年登進士第。……龍紀元年冬，詔授藍田尉，值弘文館，遷左拾遺，兼集賢學士。中丞柳玭奏改監察御史。大順二年三月，詔充翰林學士，改屯田員外郎。」《全詩》卷八三四貫

休《贈翰林陸學士》詩，據吳汝煜、胡可先《全詩人名碑》，陸學士，即陸
扆。據岑仲勉《補唐代翰林兩記》，陸扆大順二年三月以監察御史充翰林學
士。

唐昭宗景福元年（892）壬子

春正月丙午朔，上御武德殿受朝賀，大赦，改元景福。《舊書》卷二〇上
《昭宗紀》。

＊吳融　侍御史　景福元年前後

《新書》卷二〇三《文藝傳下》：「吳融字子華，越州山陰人。……融學
自力，富辭調。龍紀初，及進士第。韋昭度討蜀，表掌書記，累遷侍御史。」
《通鑑》卷二五七：「文德元年……六月，韋昭度兼中書令，充西川節度使，
兼西川招撫制置等使，徵敬瑄爲龍武統軍。」又據《舊書》卷一七九《韋昭
度傳》，韋昭度景福二年還。《新書》云吳融「累遷侍御史」，應在景福元年
前後。

唐昭宗景福二年（893）癸丑

＊顧彥暉　御史大夫（兼）

《舊書》卷二〇上《昭宗紀》：「（景福）二年春正月辛丑朔，制以權知劍
南東川兵馬留後顧彥暉檢校尚書右僕射，兼梓州刺史、御史大夫，充劍南東
川節度觀察等使。」

＊徐彥若　御史大夫

《通鑑》卷二五九：「景福二年十月，……以徐彥若爲御史大夫。」

＊白敬立　御史大夫

《榆林碑石》（三秦出版社 2003 年版）收《故金紫光祿大夫、檢校尚書
右僕射、使持節都督延州諸軍事、守延州刺史、充本州防禦、左神策軍行營
先鋒兵馬安塞軍等使、兼御史大夫、上柱國南陽白府君墓誌》：「公諱敬立，
字□□。……景福二年十一月十九日，薨於夏州之故里，享年卅二。」

＊白敬忠　御史大夫

《榆林碑石》（三秦出版社 2003 年版）收《故金紫光祿大夫、檢校尙書右僕射、使持節都督延州諸軍事、守延州刺史、充本州防禦、左神策軍行營先鋒兵馬安塞軍等使、兼御史大夫、上柱國南陽白府君墓誌》：「令弟敬忠，檢校左常侍、充親充都兼營田使、洛盤鎭過使、御史大夫。」

＊崔胤　御史中丞

《新書・宰相表下》：「景福二年九月壬辰，檢校司徒、東都留守韋昭度爲司徒兼門下侍郎，御史中丞崔胤爲戶部侍郎，並同中書門下平章事。」《新書》卷十《昭宗紀》：「景福二年……九月壬午，……御史中丞崔胤爲戶部侍郎：同中書門下平章事。」

唐昭宗乾寧元年（894）甲寅

春止月乙丑朔，上御武德殿受朝，宣制大赦，改元乾寧。《舊書》卷二〇上《昭宗紀》。

＊徐彦若　御史大夫

《新書》卷六三《宰相表下》：「乾寧元年庚申，御史大夫徐彦若爲中書侍郎兼史部尙書、同中書門下平章事。」《新書》卷一〇《昭宗紀》：「乾寧元年……六月，……御史大夫徐彦若爲中書侍郎、同中書門下平章事。」

＊崔胤　御史中丞

《舊書》卷二〇《昭宗紀》：乾寧元年十月，「戊申，制御史中丞崔胤爲兵部侍郎、同平章事。」

唐昭宗乾寧二年（895）乙卯

＊王珂　御史大夫（兼）

《舊書》卷二〇《昭宗紀》：乾寧二年八月，「以河中兵馬留後王珂檢校司空，兼河中尹、御史大夫，充護國軍節度、河中晉絳慈隰觀察等使。」

唐昭宗乾寧三年（896） 丙辰

＊李知柔　御史大夫（兼）

《舊書》卷二〇《昭宗紀》：「（乾寧）三年春正月癸丑朔，制以特進、戶部尚書、兼京兆尹、嗣薛王知柔檢校司徒，兼廣州刺史、御史大夫，充清海軍節度、嶺南東道觀察處置等使。」

＊崔胤　御史大夫（兼）

《舊書》卷二〇《昭宗紀》：乾寧三年七月，「乙巳，制以金紫光祿大夫、中書侍郎，兼禮部尚書、同平章事、集賢殿大學士、判戶部事、上柱國、博陵縣開國伯崔胤檢校尚書左僕射，兼廣州刺史、御史大夫，充清海軍節度、嶺南東道觀察處置等使。」

＊趙光逢　御史中丞

《舊書》卷一七八《趙隱傳・子光逢附傳》：「趙隱，字大隱，京兆奉天人也。……子光逢、光裔、光胤。……光逢，乾符五年登進士第，釋褐鳳翔推官。入朝爲監察御史，丁父憂免。……乾寧三年，從駕幸華州，拜御史中丞，改禮部侍郎。」《舊書》卷二〇上《昭宗紀》：乾寧三年十二月「……以前翰林學士承旨、尚書左丞、知制誥趙光遠爲御史中丞。」趙光逢，《舊書》卷二〇上《昭宗紀》作「趙光遠」。

唐昭宗乾寧四年（897） 丁巳

＊狄歸昌　御史中丞

《舊書》卷二〇上《昭宗紀》：乾寧四年「九月癸酉朔，以御史中丞狄歸昌爲尚書右丞。」

＊裴贄　御史中丞

《舊書》卷二〇上《昭宗紀》：乾寧四年「冬十月，制以太中大夫、前御史中丞裴贄爲禮部尚書、知貢舉。」

唐昭宗乾寧五年　光化元年（898）戊午

八月戊戌朔。己未，車駕自華還京師。甲子，御端門，大赦，改元光化。《舊書》卷二〇上《昭宗紀》。

＊狄歸昌　御史中丞

《舊書》卷二〇上《昭宗紀》：光化元年「九月戊辰朔，以御史中丞狄歸昌爲尚書左丞。」

唐昭宗光化二年（899）己未

唐昭宗光化三年（900）庚申

＊趙崇　御史大夫

《舊書》卷二〇《昭宗紀》：光化三年「七月，……以武泰軍節度、黔中觀察處置等使、光祿大夫、檢校尚書左僕射、黔州刺史、御史大夫、上柱國趙崇封天水縣開國子，食邑五百戶。」《新書》卷一八三《韓偓傳》：「偓因薦御史大夫趙崇勁正雅重，可以準繩中外。」

＊王溥　御史大夫（檢校）

《舊書》卷二〇上《昭宗紀》：光化三年「十月丙辰朔，辛酉，以前清海軍節度副使、朝散大夫、檢校左散騎常侍、御史大夫、上柱國王溥守左散騎常侍，充監鐵副使。」

＊朱友謙（朱簡）　御史大夫（兼）

《舊書》卷二〇上《昭宗紀》：「光化三年……六月……朱全忠表陝州兵馬留後朱簡鄉里同宗，改名友謙，乞眞授節鉞。從之。……十月……制以保義軍節度留後、銀青光祿大夫、檢校戶部尚書、兼御史大大、上柱國朱友謙爲金紫光祿大夫、檢校尚書右僕射，兼陝州大都督府長史、御史大夫，充保義軍節度、陝虢觀察處置等使。」

＊張承奉　御史大夫（兼）

《舊書》卷二〇上《昭宗紀》：光化三年「八月，……制前歸義軍節度副

使、權知兵馬留後、銀青光祿大夫、檢校國子祭酒、監察御史、上柱國張承奉爲檢校左散騎常侍，兼沙州刺史、御史大夫，充歸義節度、瓜沙伊西等州觀察處置押蕃落等使。」

＊張承奉　監察御史

　　《舊書》卷二〇上《昭宗紀》：光化三年「八月，……制前歸義軍節度副使、權知兵馬留後、銀青光祿大夫、檢校國子祭酒、監察御史、上柱國張承奉爲檢校左散騎常侍，兼沙州刺史、御史大夫，充歸義節度、瓜沙伊西等州觀察處置押蕃落等使。」

唐昭宗光化四年　天復元年（901）　辛酉

　　四月，……甲戌，天子有事於宗廟。是日，御長樂門，大赦天下，改元天復。《舊書》卷二〇上《昭宗紀》。

唐昭宗天復二年（902）　壬戌

唐昭宗天復三年（903）　癸亥

＊崔構　殿中侍御史

　　《通鑑》卷二六三：「天復三年，春，正月甲辰，派遣殿中侍御史崔構、供奉官郭遵誨詣朱全忠營。」

唐昭宗天復四年　天祐元年（904）　甲子

　　閏四月，昭宗從陝州被迫遷往洛陽，朱全忠令人坑殺昭宗侍從二百餘人，昭宗改元天祐。八月，唐昭宗被殺，年三十八。朱全忠立輝王李柷爲帝，年十三，是爲昭宣帝。《舊書》卷二〇上《昭宗紀》。

＊韓儀　御史中丞

　　《舊書》卷二〇上《昭宗紀》：天祐元年七月，「丙寅，制金紫光祿大夫、行御史中丞、上柱國韓儀責授棣州司馬。」《新書》卷一百八十三《列傳第一

百八・韓偓・兄儀》：「兄儀，字羽光，亦以翰林學士爲御史中丞。」

＊杜彥林　御史中丞

《舊書》卷二〇上《昭宗紀》：天祐元年七月，「制以中大夫、中書舍人、上柱國、賜紫金魚袋杜彥林爲太中大夫、守御史中丞。」《舊書》卷一七七《杜審權傳・子彥林附傳》：「天祐初，爲御史中丞。」

＊歸藹　侍御史

《舊書》卷二〇上昭宗紀》：天祐元年七月，「丙寅，……侍御史歸藹責授登州司戶，坐百官傲全忠也。」《新書》一八三《韓偓傳》：「韓偓兄儀，字羽光，亦以翰林學士爲御史中丞。偓貶之明年，帝宴文思球場，全忠入，百官坐廡下，全忠怒，貶儀棣州司馬，侍御史歸藹登州司戶參軍。」

＊韋說　侍御史

《舊書》卷二〇上《昭宗紀》：天祐元年「六月，……以京兆少尹鄭韜光爲太常少卿，前侍御史韋說爲右司員外郎，……從柳璨奏也。」

＊郗殷象　監察御史

《舊書》卷二〇上《昭宗紀》：天祐元年七月，「監察御史郗殷象爲右補闕。」

唐哀帝天祐二年（905）乙丑

＊葛從周　御史大夫（兼）

《舊書》卷二〇下《哀帝紀》：天祐二年「二月，……泰寧軍節度、檢校司空、兗州刺史、御史大夫葛從周檢校司徒、兼右金吾上將軍致仕，從周病風，不任朝謁故也。」

＊劉仁遇　御史大夫（兼）

《舊書》卷二〇下《哀帝紀下》：天祐二年四月「丙午，前棣州刺史劉仁遇檢校司空，兼兗州刺史，御史大夫，充泰寧軍節度使。」

＊李光庭　侍御史

《舊書》卷二〇下《哀帝紀》：天祐二年四月，「侍御史李光庭、郗殷象……

並宜賜緋魚袋。」

＊郜殷象　侍御史

《舊書》卷二〇下《哀帝紀》：天祐二年四月，「侍御史李光庭、郜殷象……並宜賜緋魚袋。」

唐哀帝天祐三年（906）　丙寅

唐哀帝天祐四年（907）　丁卯

三月……乃以御史大夫薛貽矩爲押金寶使。……甲午，文蔚押文武百僚赴大梁。……全忠建國，奉帝爲濟陰王。……時太原、幽州、鳳翔、西川猶稱天祐正朔。天祐五年二月二十一日，帝爲全忠所害，時年十七，仍諡曰哀皇帝。《舊書》卷二〇下《哀帝紀》。

＊薛貽矩　御史大夫

《舊書》卷二〇下《哀帝紀》：天祐四年「春正月，……全忠自「壬寅，全忠自長蘆至大梁，天子遣御史大夫薛貽矩齎詔慰勞。……三月，……御史大夫薛貽矩爲押金寶使，左丞趙光逢爲副。甲午，文蔚押文武百僚赴大梁。」《舊五代史·梁書》卷三《太祖紀》：「開平元年，……天子遣御史大夫薛貽矩來傳禪代之意。……御史大夫薛貽矩爲押金寶使，尚書左丞趙光逢副之。……五月，以唐朝宰臣張文蔚、楊涉並爲門下侍郎、平章事，以御史大夫薛貽矩爲中書侍郎、平章事。」

唐昭宗龍紀元年至哀帝天祐四年待考證御史

＊白保勳　御史大夫（兼）

《榆林碑石》（三秦出版社 2003 年版）收《故金紫光祿大夫、檢校尚書右僕射、使持節都督延州諸軍事、守延州刺史、充本州防禦、左神策軍行營先鋒兵馬安塞軍等使、兼御史大夫、上柱國南陽白府君墓誌》：「公五子，長男保全，充同節度副使。保勳，節度押衙，檢校國子祭酒、兼御史大夫。」白敬立景福二年兼御史大夫，其子白保勳兼御史大夫約在天祐年間，待考。

後　記

　　屈指算來，我從事唐代御史制度課題的研究已經十年。早在十年前，當我從事博士論文「唐代御史與文學」寫作時，清人勞格、趙鉞撰《唐御史臺精舍題名考》無疑是我經常翻閱的基本文獻之一。該書為我博士階段的研究提供了大量第一手資料，但同時也存在一些不足：從時間上來講，該書主要收錄高宗、武后、玄宗三朝御史，其它時期則較少收錄；從官職上來講，主要收錄侍御史、殿中侍御史、監察御史等，對於高級御史如御史中丞、御史大夫等則極少收錄，使用起來尚有一些不便。同時，我發現學界對唐代御史的具體任職情況往往有所忽視，導致一些錯誤的發生。如李商隱《樊南乙集序》云：大中三年十月，「尚書范陽公以徐戎兇悍，節度闕判官，奏入幕。」薛逢《重送徐州李從事商隱》有「蓮府望高秦御史」之句，李郢《重送李商隱侍御奉使入關》稱李商隱為「侍御」。唐代監察御史、殿中侍御史一般統稱為「侍御」，那麼，李商隱究竟任監察御史，還是殿中侍御史呢？劉學鍇《李商隱傳論》（黃山書社 2013 年版，第 361～362 頁）認定李商隱此時任監察御史銜，「此侍御定指監察御史。」事實上，李商隱既為節度判官，應帶殿中侍御史銜，才符合唐代官制。徐幕生涯結束後，李商隱於大中五年（851 年）任柳仲郢幕判官，其所帶銜例由殿中侍御史升為侍御史，檢校工部員外郎，這也合乎唐代官員的升遷慣例。顯然，利用學界的考證成果，在《唐御史臺精舍題名考》基礎上，對有唐一代御史臺官員作全面的補充考證，為學人翻檢提供一部資料詳實的工具書是很有實用價值的。

　　雖然經過近十年的資料積累，臺灣花木蘭文化出版社出於學術需要薪火相傳的社會責任，已經出版了拙作《唐御史臺職官編年彙考》的初盛唐卷、

中唐卷，然唐代御史的考證工作遠未結束，尚有不少問題有待解決，本書只能說是一部暫定稿。有唐一代歷史文獻繁富，這在爲研究者提供便利的同時，文獻記載互相矛盾、一些錯訛遺漏又會爲學者帶來諸多不便。同樣一條史料，正史或至爲簡略，墓誌卻有所誇飾，筆記小說更是大肆渲染，當時尚且是如此。後世或追述、或隱惡、或傳抄錯訛，不一而足，致使我們今天面對的文獻在眞實可信度上很難悉數如實。當把眾多的史料羅列一起，要從中理出頭緒，就更加困難了。本書撰寫過程中，我力求準確，然自己學力不足、水平有限，錯誤肯定不少，謹請讀者批評指正，以便今後進一步增改修訂。

地處隴右的天水師範學院給我的研究提供了諸多便利，志軍謹以虔誠之心感恩天水師院這一塊學術沃土。長期以來，臺灣花木蘭文化出版社孜孜於海峽兩岸優秀傳統文化的傳播傳承，這種精神尤爲使人感動。古典文獻研究叢刊主編潘美月、杜潔祥兩位先生將本書納入出版計劃；責任編輯許郁翎、王筑諸先生，花木蘭文化出版社北京聯絡處主任楊嘉樂女士爲本書出版付出了大量精力，在此謹對花木蘭文化出版社的同仁致以衷心的感謝！

霍志軍

2017 年初春於古秦州心遠齋

參考文獻

一、基本古籍文獻

1. 〔唐〕杜佑:《通典》,中華書局 1984 年版。
2. 〔五代〕劉昫等:《舊唐書》,中華書局 1975 年版。
3. 〔宋〕歐陽修等:《新唐書》,中華書局 1975 年版。
4. 〔宋〕王溥:《唐會要》,上海古籍出版社 2006 年版。
5. 〔宋〕司馬光等:《資治通鑒》,中華書局 1999 年版。
6. 〔宋〕李昉等:《文苑英華》,中華書局 1996 年版。
7. 〔宋〕王欽若:《冊府元龜》,中華書局 1960 年版。
8. 〔宋〕李昉等:《太平廣記》,中華書局 1960 年版。
9. 〔宋〕計有功:《唐詩紀事》,上海古籍出版社 2008 年版。
10. 〔宋〕薛居正:《舊五代史》,中華書局 1976 年版。
11. 〔宋〕晁公武:《郡齋讀書志》,上海古籍出版社 1990 年版。
12. 〔清〕陸增祥:《八瓊室金石補正》,文物出版社 1985 年版。
13. 〔清〕趙鉞、勞格:《唐御史臺精舍題名考》,中華書局 1997 年版。
14. 〔清〕趙鉞、勞格:《唐尚書省郎官石柱題名考》,中華書局 1992 年版。
15. 〔清〕王昶:《金石萃編》,中國書店 1985 年版。
16. 〔清〕吳廷燮:《唐方鎮年表》,中華書局 1980 年版。
17. 〔清〕徐松撰、孟二冬補正:《登科記考補正》,北京燕山出版社 2003 年版。
18. 《千唐誌齋藏志》影印本,文物出版社 1983 年版。
19. 張維:《隴右金石錄》,影印民國三十二年版。
20. 周紹良、趙超主編:《唐代墓誌彙編》,上海古籍出版社 1997 年版。
21. 周紹良、趙超主編:《唐代墓誌彙編續集》,上海古籍出版社 2001 年版。

二、筆記史料

1. 〔唐〕劉肅撰，許德楠、李鼎霞點校《大唐新語》，中華書局 1984 年版。
2. 〔唐〕劉餗撰、程毅中點校：《隋唐嘉話》，中華書局 1979 年版。
3. 〔唐〕張鷟撰、趙守儼點校：《朝野僉載》，中華書局 1979 年版。
4. 〔唐〕封演撰，趙貞信校注《封氏聞見記校注》，中華書局 1985 年版。
5. 〔五代〕孫光憲撰、賈二強點校：《北夢瑣言》，中華書局 2002 年版。
6. 〔宋〕王讜撰、周勳初校正《唐語林校正》，中華書局 1987 年版。
7. 〔宋〕贊寧纂、范祥雍點校：《宋高僧傳》，中華書局 1987 年版。
8. 丁如明、李宗爲、李學穎等校點：《唐五代筆記小說大觀》，上海古籍出版社 2000 年版。

三、詩文總集、作家別集

1. 〔清〕董誥等、孫映逵點校：《全唐文》，山西教育出版社 2003 年版。
2. 〔清〕彭定求等：《全唐詩》，中華書局 1960 年版。
3. 〔清〕王琦輯注：《李太白全集》，中華書局 1977 年版
4. 〔清〕仇兆鰲：《杜詩詳注》，中華書局 1979 年版。
5. 陳尚君輯校：《全唐文補編》，中華書局 2005 年版。
6. 陳尚君輯校：《全唐詩補編》，中華書局 1992 年版。
7. 陳鐵民：《王維集校注》，中華書局 1997 年版。
8. 陳鐵民、侯忠義校注：《岑參集校注》，上海古籍出版社 1981 年版。
9. 陳鐵民、侯忠義校注：《高適詩集編年箋注》，中華書局 1981 年版。
10. 孫望：《韋應物詩集繫年校箋》，中華書局 2002 年版。
11. 錢仲聯集釋：《韓昌黎詩繫年集釋》，上海古籍出版社 1984 年版。
12. 〔唐〕劉禹錫撰、卞孝萱校訂：《劉禹錫集》，中華書局 1990 年版。
13. 〔唐〕柳宗元：《柳河東集》，上海人民出版社 1974 年版。
14. 〔唐〕元稹：《元稹集》，中華書局 1982 年版。
15. 〔唐〕獨孤及：《毗陵集》，四庫全書本，上海古籍出版社 1987 年版。
16. 〔唐〕李華：《李遐叔文集》，四庫全書本，上海古籍出版社 1987 年版。
17. 〔唐〕李翱：《李文公集》，四庫全書本，上海古籍出版社 1987 年版。
18. 〔唐〕陸贄：《陸贄集》，中華書局 2006 年版。
19. 霍旭東校點：《權德輿文集》，甘肅人民出版社 1999 年版。
20. 尹占華、楊曉靄校箋：《令狐楚集》，甘肅人民出版社 1998 年版。
21. 謝思煒校注：《白居易詩集校注》，中華書局 2006 年版。

22. 吳在慶撰：《杜牧集繫年校注》，中華書局 2008 年版。

23. 儲仲君箋注：《劉長卿詩編年箋注》，中華書局 1996 年版。

24. 劉學鍇、余恕誠：《李商隱文編年校注》，中華書局 2002 年版。

四、近、今人著作

1. 岑仲勉：《唐人行第錄》，上海古籍出版社 1978 年版。

2. 嚴耕望：《唐僕尚丞郎表》，上海古籍出版社 2007 年版。

3. 章士釗：《柳文指要》，文匯出版社 2000 年版。

4. 孫望：《元次山年譜》，古典文學出版社 1957 年版。

5. 施子愉：《柳宗元年譜》，湖北人民出版社 1958 年版。

6. 夏承燾：《唐宋詞人年譜》，上海古籍出版社 1979 版。

7. 繆鉞：《杜牧年譜》，河北教育出版社 1999 年版。

8. 黃永年：《唐史史料學》，上海書店出版社 2002 年版。

9. 傅璇琮主編：《唐五代文學編年史》，遼海出版社 1998 年版。

10. 傅璇琮：《唐翰林學士傳論》，遼海出版社 2005 年版。

11. 傅璇琮、張忱石、許逸民：《唐五代人物傳記資料綜合索引》，中華書局 1982 年版。

12. 傅璇琮主編：《唐才子傳校箋》，中華書局 1987 年版。

13. 傅璇琮：《唐代詩人叢考》，中華書局 1980 年版。

14. 傅璇琮：《李德裕年譜》，中華書局 2013 年版。

15. 郁賢皓、胡可先：《唐九卿考》，中國社會科學出版社 2003 年版。

16. 郁賢皓：《唐刺史考全編》，安徽大學出版社 2000 年版。

17. 卞孝萱：《劉禹錫年譜》，中華書局 1963 年版。

18. 胡戟、榮新江主編：《大唐西市博物館藏墓誌》，北京大學出版社 2012 年版。

19. 孫映逵：《唐才子傳校注》，中國社會科學出版社 2013 年重印本。

20. 陶敏：《全詩人名考證》，陝西人民教育出版社 1996 年版。

21. 陳尚君：《舊五代史新輯會證》，復旦大學出版社 2005 年版。

22. 吳汝煜、胡可先：《全詩人名考》，江蘇教育出版社 1990 年版。

23. 董乃斌：《李商隱傳》，陝西人民出版社 1985 年版。

24. 戴偉華：《唐方鎮文職僚佐考》，廣西師範大學 2007 年版。

25. 胡可先：《杜牧研究叢稿》，人民文學出版社 1993 年版。

26. 朱關田：《顏真卿年譜》，西冷印社出版社 2008 年版。

27. 韓理洲：《新增千家唐文作者考》，三秦出版社 1995 年版。

28. 陳尚君：《陳尚君自選集》，廣西師範大學出版社 2000 年版。

29. 李潤強：《牛僧孺研究》，甘肅人民出版社 2002 年版。

30. 傅紹良：《唐代諫議制度與文人》，中國社會科學出版社 2003 年版。

31. 邱永明：《中國監察制度史》，華東師範大學出版社 1992 年版。

32. 胡滄澤：《唐代御史制度研究》，福建教育出版社 2000 年版。

33. 胡寶華：《唐代監察制度研究》，商務印書館 2005 年版。

34. 霍志軍：《唐代御史制度與文人》，中國社會科學出版社 2013 年版。

35. 霍志軍：《唐代御史與文學》，臺灣花木蘭文化出版社 2015 年版。

人名索引

說明：

一、爲方便讀者查閱，特編製本索引。

二、本索引僅收本書中的歷任唐御史臺職官的人名。

三、本索引所收各御史臺職官人名按姓氏筆畫多少爲排列次序。凡姓氏筆畫相同者，按起筆 一 丨 、 丿 一爲序。

四、凡闕姓者，以名字筆畫排列。

五、本索引先列人名，人名後數字爲本書的頁碼。